EDUCAÇÃO MAIS
INTELIGENTE

EDUCAÇÃO
MAIS
INTELIGENTE

CELSO NISKIER

Prefácio de Joel Jota

EDUCAÇÃO MAIS INTELIGENTE

Como empoderar os professores, engajar os alunos e revolucionar a aprendizagem na era da Inteligência Artificial

Diretora
Rosely Boschini

Gerente Editorial Sênior
Rosângela de Araujo Pinheiro Barbosa

Editora
Natália Domene Alcaide

Assistente Editorial
Mariá Moritz Tomazoni

Produção Gráfica
Leandro Kulaif

Edição de Texto
Gleice Couto

Preparação
Elisabete Franczak

Capa
Thiago Barros

Projeto Gráfico
Márcia Matos

Adaptação e Diagramação
Marcela Badolatto

Revisão
Flavia Carrara
Vero Verbo Serv. Edit.

Impressão
Edições Loyola

CARO(A) LEITOR(A),
Queremos saber sua opinião sobre nossos livros.
Após a leitura, siga-nos no **linkedin.com/company/editora-gente**,
no TikTok **@editoragente**
e no Instagram **@editoragente**,
e visite-nos no site
www.editoragente.com.br.
Cadastre-se e contribua com sugestões, críticas ou elogios.

Copyright © 2024 by Celso Niskier
Todos os direitos desta edição são reservados à Editora Gente.
R. Dep. Lacerda Franco, 300 – Pinheiros
São Paulo, SP – CEP 05418-000
Telefone: (11) 3670-2500
Site: www.editoragente.com.br
E-mail: gente@editoragente.com.br

Dados Internacionais de Catalogação na Publicação (CIP)
Angélica Ilacqua CRB-8/7057

Niskier, Celso
  Educação mais inteligente : como empoderar os professores, engajar os alunos e revolucionar a aprendizagem na era da Inteligência Artificial / Celso Niskier. - São Paulo : Editora Gente, 2024.
  192 p.

  ISBN 978-65-5544-525-1

  1. Educação 2. Desenvolvimento profissional I. Título

24-4048   CDD 370

Índices para catálogo sistemático:
1. Educação

NOTA DA PUBLISHER

Com a democratização do uso da tecnologia e o avanço rápido da Inteligência Artificial, o cenário educacional enfrenta desafios sem precedentes. Professores, que antes eram vistos como os principais detentores do conhecimento, agora precisam encontrar novas formas de se posicionar em sala de aula, em um ambiente onde o acesso à informação é vasto e imediato. Como se adaptar a essa nova realidade na qual a tecnologia pode tanto ser uma aliada quanto uma ameaça?

É nesse contexto que Celso Niskier se destaca como uma das maiores autoridades em educação no Brasil. Fundador e reitor da UniCarioca, uma instituição de ensino superior que se tornou referência por sua abordagem inovadora e eficaz, Celso traz em seu novo livro, *Educação mais inteligente,* um olhar profundo e experiente sobre como transformar esses desafios em oportunidades.

Ao longo das páginas, Celso mostra como os professores podem se reposicionar como facilitadores da aprendizagem e se tornarem guias que empoderam seus alunos a explorar, questionar e construir conhecimento de forma crítica e criativa. Ele oferece ferramentas e estratégias testadas para que os educadores possam engajar seus alunos de maneira significativa, aproveitando ao máximo os recursos tecnológicos disponíveis.

Convido você a explorar esta leitura essencial, que não só ilumina os caminhos possíveis para a educação na era da Inteligência Artificial, mas também inspira uma nova postura para os professores, que serão os grandes protagonistas dessa revolução na aprendizagem. Boa leitura!

ROSELY BOSCHINI
CEO e Publisher da Editora Gente

À minha neta, Sofia, uma pequena joia que ilumina nossa vida, com a esperança de que as novas gerações tenham acesso a uma educação cada vez mais inclusiva, acolhedora, humana e inteligente.

AGRADECIMENTOS

Uma obra como esta é sempre um esforço solidário, e nunca solitário. Muitas pessoas contribuíram para que este livro chegasse às suas mãos, e aqui faço o registro de algumas delas.

Aos meus pais, Ruth e Arnaldo, que me proporcionaram uma educação alicerçada em valores e princípios universais da tradição judaica, minha enorme gratidão. Espero honrar a trajetória de educador e homem público que meu pai me legou com a mesma competência, integridade e pioneirismo que ele sempre demonstrou.

À minha esposa Andréa e às minhas filhas, Giovanna e Gabriela, agradeço pelas muitas conversas e por me mostrarem o caminho do coração. Ao querido amigo Janguiê Diniz, um exemplo de obstinação, agradeço pelas oportunidades e pela parceria à frente da Associação Brasileira de Mantenedoras de Ensino Superior (ABMES) e do Instituto Êxito de Empreendedorismo.

Ao grande atleta e influenciador Joel Jota, embaixador da campanha Educação Mais Forte e Doutor *Honoris Causa* da UniCarioca, um agradecimento especial pelo prefácio inspirador que ilumina este livro.

Aos amigos Roberto Shinyashiki e Rosely Boschini, agradeço a chance de fazer parte do time de autores-craques da Editora Gente, uma empresa à frente do seu tempo, sem dúvida.

À minha equipe e aos docentes e colaboradores da UniCarioca, pelos 34 anos de um projeto educacional bem-sucedido que inclui, acolhe e transforma, meu desejo de que esta obra reflita as nossas conquistas e os desafios que ainda estão por vir.

A Max Damas, querido amigo e parceiro de mais de vinte anos, pelas várias e importantes sugestões para aprimoramento do texto do livro.

Finalmente, à minha colaboradora na pesquisa desta obra, Juliana Queiroz, pelas muitas conversas e sugestões inspiradoras, meu muito obrigado. Com cérebro, coração e coragem, tudo é possível!

SUMÁRIO

PREFÁCIO _____ 13

INTRODUÇÃO _____ 17

CAPÍTULO 1
A educação brasileira não vai bem _____ 23

CAPÍTULO 2
Por que a educação brasileira não vai bem? ____ 39

CAPÍTULO 3
O que fazer para que a educação seja
mais inteligente _____ 51

CAPÍTULO 4
Princípio 1: Todo aluno é único em seu potencial
de aprender _____ 65

CAPÍTULO 5
Princípio 2: A aprendizagem ocorre em ambientes atraentes para o aluno _____ 79

CAPÍTULO 6
Princípio 3: O professor é o principal facilitador da aprendizagem _____ 97

CAPÍTULO 7
Princípio 4: A aprendizagem está centrada em currículos flexíveis organizados por competências _____ 109

CAPÍTULO 8
Princípio 5: O aluno é o protagonista da sua jornada de aprendizagem _____ 121

CAPÍTULO 9
Vencendo as resistências _____ 139

CAPÍTULO 10
O *case* de sucesso da UniCarioca _____ 163

CAPÍTULO 11
Manifesto por uma educação mais inteligente _____ 175

CONCLUSÃO _____ 185

PREFÁCIO

A educação mudou a minha vida. Ela me trouxe direção, esclarecimento e, em muitos momentos, posso dizer sem pretensão, salvou minha vida. Vim de uma família humilde, mas com princípios e valores profundamente enraizados na educação. Inúmeras vezes me recordo de meu pai e minha mãe afirmando que a educação seria o caminho para a nossa transformação social.

Meu destino me reservou uma carreira acadêmica como professor de educação física. Desde a época em que fui atleta, tive professores ao meu lado e, ao ensinar e treinar diversos nadadores, percebi a importância da educação. Minha trajetória acadêmica continuou até que lecionei como professor de graduação e pós-graduação. Sempre tive professores que me estenderam a mão e me estimularam na busca incessante do aprendizado. E uma coisa eu sei: antes de ensinar, todo professor está comprometido em aprender.

É dessa forma que vejo Celso, um estudante incansável e professor dedicado, com a missão importante de transformar a sociedade por meio da educação. Este livro, por si só, já tem um valor imensurável para mim, pois une duas das minhas paixões: o estudo e a Inteligência Artificial. A Inteligência Artificial propõe soluções, produtividade e velocidade, e desvenda espaços vazios e pontos cegos, analisando dados com precisão e encontrando gaps na educação.

A união desses dois pontos é essencial e oportuna. Estudar Inteligência Artificial é fundamental para entender as necessidades dos novos alunos e solucioná-las. Prefaciar este livro é uma honra para mim, pois a missão que ele carrega é grandiosa. Tive o prazer de conhecer o Celso por um motivo muito especial: a educação. Sua história de vida, a faculdade que ele criou, sua família e o legado que ele deixou em três décadas de ensino são inspiradores.

Foi o Celso que me convidou, mas sou eu quem agradece. Este é um tema importante, atual e urgente. A educação precisa de um novo olhar, e a tecnologia é a ferramenta para nos ajudar. O aluno é o centro de tudo, o futuro e o presente de uma nova perspectiva. Cada pessoa deve ser vista como única, e as aulas precisam ser interessantes, transformadoras, aplicáveis e replicáveis.

Parabéns, Celso, por essa iniciativa e por uma obra tão importante, que vai perdurar no tempo. Obrigado pela oportunidade de poder prefaciar esta obra, que tanto me encanta com sua proposta de ensino, aprendizagem e foco no aluno. Fui transformado pela educação, e esse propósito se tornou minha missão de vida e meu trabalho.

Caro leitor, antes de chegar à metade do livro, você já terá aprendido novas coisas, enxergado novas possibilidades e percebido que há muito mais a desenvolver no seu aprendizado do que imaginava. E, mesmo antes de terminar o livro, perceberá que a missão desta obra já estará completa. Desejo um excelente aprendizado a todos!

Ao Celso, meu eterno carinho pela parceria, amizade e similaridade na missão.

Forte abraço.

Joel Jota
Doutor em Educação, empresário, ex-atleta da seleção brasileira de natação e escritor best-seller

INTRODUÇÃO

COMO A INTELIGÊNCIA ARTIFICIAL PODE AJUDAR A EDUCAÇÃO A SER MAIS INTELIGENTE?

Minha vida sempre esteve ligada à educação, desde os tempos da graduação em Engenharia, passando pelo mestrado e culminando no doutorado. O amor pela área só cresceu quando fundei, com a ajuda do meu pai, em 1990, o Centro Universitário UniCarioca – instituição que me enche de orgulho e da qual tenho a honra de ser o reitor –, e quando assumi a presidência da Associação Brasileira de Mantenedoras de Ensino Superior. Ao longo da minha trajetória, explorei diferentes áreas: passei pela gestão, na qual foquei a profissionalização e o fortalecimento do ensino; e também pelo campo pedagógico. Nele, analisei os desafios da educação e ganhei uma profunda compreensão das dificuldades enfrentadas por professores e alunos. Toda essa experiência foi possível graças à clareza e à humildade tão necessárias para entender o complexo cenário da educação brasileira.

Sabemos das dificuldades enfrentadas pela educação em nosso país, mas também reconhecemos que nós educadores somos responsáveis por refletir e buscar soluções diante das mudanças e dos desafios diários de nossa profissão.

Por acreditar no potencial de todos que participam da nobre missão de educar, decidi escrever um livro sobre um tema que me inquieta e fascina há tempos — Inteligência Artificial; não à toa, fiz um doutorado na área —, mesclando-o à minha paixão já declarada por educação. Acredito que, em meio à revolução tecnológica que vivemos, podemos tornar a educação mais inteligente.

Quero, inicialmente, esclarecer que, quando falo em "educação inteligente", eu me refiro àquela que estimula a capacidade de resolver problemas de modo criativo e inovador, e não apenas ao uso de tecnologias, que, embora sejam importantes, exigem conhecimento de mundo e maturidade para serem utilizadas de maneira apropriada. Implementar essa educação inteligente nos ambientes escolares envolve planejamento, metodologias testadas e certificadas, avaliações eficazes e a construção de relacionamentos sólidos no ambiente educacional. Isso requer participação ativa e colaborativa de toda a comunidade escolar.

O meu papel aqui é desmistificar certos conceitos e apresentar as melhores práticas para o desenvolvimento de uma educação integral e realmente inteligente, que engaje, traga resultados concretos e faça a diferença no aprendizado dos alunos. A educação inteligente que proponho oferece uma abordagem integrada e abrangente, reconhecendo cada aluno em sua totalidade, considerando suas necessidades, experiências e singularidades. Isso engloba não só o aspecto acadêmico, mas também o emocional, social, cultural e o contexto em que o aluno está inserido. Por meio dessa abordagem, é possível pensar no próximo passo da educação inteligente: a criação de um ambiente inclusivo e engajador. E, ao falar de engajamento, é essencial considerar o papel da IA na aprendizagem e a necessidade de revisão dos modelos tradicionais.

A Inteligência Artificial está revolucionando a forma como aprendemos e ensinamos. Com ela, por exemplo, é possível criar conteúdos educacionais mais interativos e envolventes; personalizar o aprendizado, de modo a tratar cada indivíduo de maneira única; e identificar as dificuldades dos alunos. Isso tudo permite uma intervenção muito mais eficiente dos professores. Mas como os professores podem utilizar a IA de maneira efetiva, engajando os alunos e fazendo sentido para todos os envolvidos?

Apesar do grande déficit na educação brasileira, causado por diversos fatores que serão detalhados nos próximos capítulos deste livro, percebo que os professores, muitas vezes, não se sentem acolhidos em suas dores e dificuldades. Quero mostrar que essas angústias podem e devem ser compartilhadas e que, juntos, devemos pensar em soluções concretas para os problemas. Quando assumimos o protagonismo da nossa vida, conseguimos enxergar possibilidades reais de melhoria.

Minha experiência como educador, gestor e empreendedor, além da minha paixão por fazer a educação acontecer, me dá a legitimidade necessária para trazer reflexões e soluções que ajudarão você a lidar com os desafios educacionais e com aqueles trazidos pelas novas tecnologias. E apresento esse caminho para uma educação mais inteligente por meio de referências, estudos e *cases*, além de princípios fundamentais. Tenho certeza de que, ao final desta leitura, você não mais se sentirá sozinho nessa jornada tão desafiadora e, ao mesmo tempo, tão gratificante!

Vamos, nas próximas páginas, refletir bastante, em especial focando uma mudança de paradigma, aprendizado contínuo e o (auto)conhecimento por parte do professor. Assim, nos será possível:

- entender que cada aluno é único em seu processo de aprendizagem e, como tal, precisa ser respeitado em suas individualidades e seu ritmo;
- criar ambientes de aprendizagem mais atraentes por meio de metodologias ativas, como simulações e realidade virtual e aumentada, facilitando o processo de ensino-aprendizado;

- redefinir o papel do professor para atuar como facilitador, curador e mentor de conhecimentos, tudo isso com o auxílio da IA;
- compreender e acolher a trajetória protagonista do estudante, flexibilizando a jornada de modo a diminuir a evasão escolar e despertar o interesse;
- vencer as resistências por meio do diálogo, do engajamento e do acolhimento, respeitando as singularidades de cada indivíduo, tanto alunos quanto professores.

Reitero, com tudo isso, o meu compromisso com você, educador, que busca mais do que um livro tradicional sobre educação. Como fundador de uma instituição que há quase trinta e cinco anos é conhecida pelos excelentes níveis educacionais e referência em boas práticas, afirmo que entender a função social da educação, sem deixar de lado a gestão estratégica e a profissionalização do ensino, nos permite conquistar uma educação realmente inteligente e atualizada.

Portanto, convido você a se juntar a mim nesta jornada de reflexão, aprendizado e autoconhecimento que o levará à prática de um ensino acolhedor, transformador e de resultados concretos. Vamos, juntos, construir a educação que queremos e merecemos!

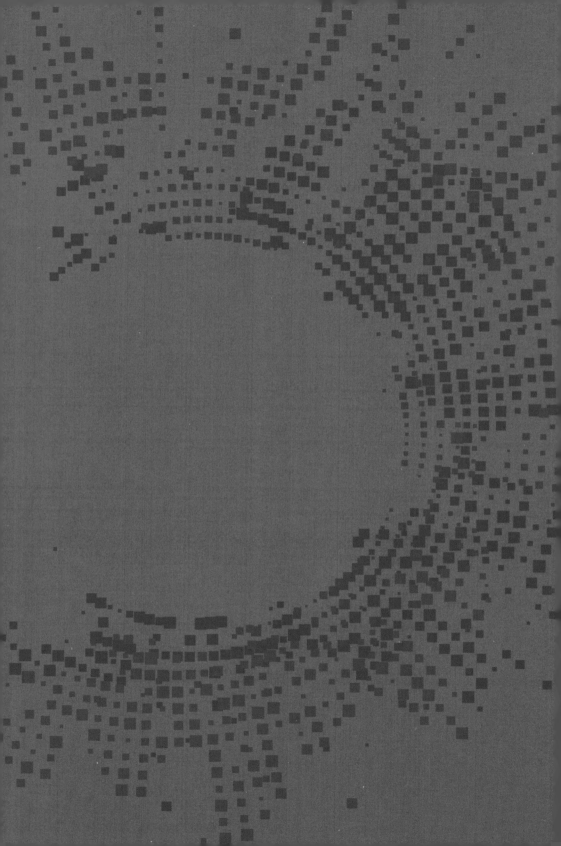

CAPÍTULO 1

A EDUCAÇÃO BRASILEIRA NÃO VAI BEM

"NÃO HÁ NADA MAIS IMPORTANTE PARA UMA COMUNIDADE DO QUE A EDUCAÇÃO DOS SEUS FILHOS."

MAIMÔNIDES

A educação brasileira não vai bem. Os problemas são antigos e de complexidade multifatorial. Por isso, não tenho a pretensão de discorrer sobre todos aqui. Vou focar aqueles sobre os quais tenho propriedade para falar com base em minha experiência como educador.

Para resumir a questão, a educação brasileira não vai bem porque enfrenta deficiências em três áreas principais: na **equidade** de oportunidades, já que nem todos os estudantes têm acesso a ensino de qualidade; na **quantidade** de estudantes, uma vez que poucos (um número muito aquém da média populacional) conseguem completar a educação básica e o ensino superior; e na **qualidade** do ensino, que é prejudicada tanto pelo baixo nível dos estudantes formados quanto pela formação inadequada dos professores. Fica mais do que clara a necessidade de melhorar a qualidade do ensino e aumentar a quantidade de pessoas com acesso a ele, para garantir a equidade de oportunidades.

Meu objetivo é mostrar os principais desafios que os educadores enfrentam, sem adotar um tom alarmista ou buscar culpados. Quero identificar os problemas, mapear os desafios e propor soluções. Com um entendimento claro da situação atual da educação no Brasil, tenho certeza de que conseguiremos encontrar maneiras eficazes de mudar os rumos da educação no país. Vamos enfrentar esse desafio juntos?

(In)Equidade

Quando falo em equidade, me refiro à igualdade de oportunidades para todas as pessoas, independentemente de sua origem. No contexto educacional, isso significa que todo estudante tem direito a um ensino de qualidade, que lhe possibilite desenvolver e ampliar suas capacidades, sem discriminação.

A seguir, vou apresentar como a inequidade se manifesta no sistema educacional.

Alta evasão escolar

A escola é essencial para a socialização, a formação de vínculos e o desenvolvimento da identidade dos estudantes. No entanto, uma série de obstáculos leva muitos a não continuarem os estudos.

No Brasil, os números da evasão escolar no ensino médio são alarmantes. De acordo com a pesquisa "Combate à evasão no Ensino Médio: desafios e oportunidades",[1] cerca de 500 mil jovens acima de 16 anos abandonam a escola anualmente. Apenas 60,3% dos jovens completam o ciclo escolar até os 24 anos. Entre os estudantes mais pobres, esse número cai para 46%, enquanto 94% dos mais ricos concluem essa etapa.[2]

Vários fatores contribuem para essa situação, incluindo desigualdade social e econômica, falta de orientação sobre carreiras e a dificuldade do estudante de se conectar ao currículo ensinado. É importante ressaltar que muitos currículos e muitas práticas pedagógicas não representam grupos excluídos historicamente, como negros e pessoas com deficiência, o que desencoraja esses jovens, que não se veem representados, a continuarem na escola.

No ensino superior, essa realidade não é diferente. De acordo com o Mapa do Ensino Superior,[3] de 2017 a 2021, 55,5% dos matriculados em cursos de ensino superior desistiram, e apenas 26,3% concluíram no tempo adequado. Isso se deve, principalmente, à questão econômica, já que 80% da oferta do ensino superior vem de instituições privadas – muitos desses jovens acabam não conseguindo arcar com as mensalidades dos cursos.

---

[1] COMBATE à evasão no Ensino Médio: desafios e oportunidades. **Firjan Sesi**, *[s. l.]*, c2023. Disponível em: https://evasaoescolar.firjan.com.br/home. Acesso em: 28 mar. 2024.

[2] *Ibidem*.

[3] MAPA do Ensino Superior. **Instituto Semesp**, São Paulo, c2024. Disponível em: www.semesp.org.br/mapa/. Acesso em: 28 mar. 2024.

Os dados apresentados mostram que a evasão escolar tem relação direta com a realidade socioeconômica do estudante, o que reforça a inequidade existente no sistema educacional brasileiro.

Aumento da "geração nem-nem"

A expressão "geração nem-nem" se refere aos jovens que estão fora do sistema educacional e do mercado de trabalho. De acordo com a Síntese de Indicadores Sociais (SIS), do IBGE,[4] em 2022, são mais de 10 milhões de jovens entre 15 e 29 anos nessa situação, o que representa 22% da população brasileira.

Isso não apenas os impacta, mas também a economia e a sociedade. Algumas consequências são:

- **desperdício de potencial humano:** capacidades e habilidades individuais são desperdiçadas quando o jovem não está trabalhando ou estudando, gerando uma grande perda de talentos e recursos humanos;
- **aumento da desigualdade:** há mais jovens nem-nem em populações de baixa renda e de baixa escolaridade, e isso contribui para o aumento da desigualdade social e econômica, já que esses jovens, por não terem acesso às mesmas opor-

---

[4] SÍNTESE de Indicadores Sociais. **IBGE**, 2023. Disponível em: www.ibge.gov.br/estatisticas/sociais/educacao/9221-sintese-de-indicadores-sociais.html. Acesso em: 30 jul. 2024.

tunidades dos jovens de outras faixas de renda, acabam ficando à margem da sociedade;
- **impacto econômico:** muitos jovens na condição de nem-nem significa perda econômica, afinal, se estivessem ativos economicamente, poderiam contribuir para o desenvolvimento do país.

A "geração nem-nem" expõe falhas graves em nosso sistema. E apenas será possível reverter esse cenário tão injusto quando for prioridade buscar políticas públicas concretas, além de ações coordenadas por parte dos educadores, de modo a atrair esses jovens para os estudos e para o mercado de trabalho.

Dificuldade de acesso ao mercado de trabalho

O diploma do ensino superior continua sendo importante nos dias de hoje, tanto que impacta significativamente a renda e a empregabilidade. É natural que o jovem, quando conclui a graduação, acredite que o diploma universitário facilitará o acesso dele ao mercado de trabalho. A realidade, porém, se mostra diferente: as oportunidades não são iguais para todos. Origem socioeconômica, gênero e raça influenciam a garantia de se conseguir um emprego compatível com a formação.

A Associação Brasileira de Mantenedoras de Ensino Superior criou o Índice ABMES/Simplicity de Empregabilidade (IASE) para avaliar a situação de pessoas que concluem a graduação. Esse indicador, ao analisar as informações de graduados entre 2021 e 2023, constatou que:

> *Mulheres pretas e pardas recebem em média 40% menos que homens brancos logo após a graduação. A pesquisa também apontou que homens têm maior empregabilidade (84,6%) e renda média (5.144 reais) em comparação às mulheres (80,9% e 3.880 reais, respectivamente).*

E mais:

> *Mulheres pretas e pardas, por sua vez, apresentam as menores taxas de empregabilidade em todas as áreas analisadas, revelando a interseccionalidade da discriminação racial e de gênero. Em média, segundo o IASE, o índice é de 29,7% entre aquelas que se declaram pardas e 8,5%, entre as que se afirmaram pretas. A remuneração média é de 3.281 e 2.772 reais, respectivamente.[5]*

Avaliando a disparidade dos números, que comprovam que determinados grupos enfrentam mais dificuldades para começar a trabalhar em suas áreas e avançar em suas carreiras, é impossível falar de igualdade no acesso ao mercado de trabalho.

---

[5] INDICADOR ABMES/Symplicity de Empregabilidade (IASE) - 3ª edição. **ABMES**, 27 ago. 2024. Disponível em: www.abmes.org.br/documentos/detalhe/1027/indicador-abmes-symplicity-de-empregabilidade-iase-3-edicao. Acesso em: 28 ago. 2024.

Quantidade insuficiente

Digo insuficiente porque não houve uma universalização do acesso ao ensino superior — diferentemente do que acorreu na educação básica. O país só vai crescer quando as desigualdades diminuírem, e uma peça fundamental para que isso aconteça é o aumento do acesso à educação superior.

Universalização do ensino

Aumentar o acesso ao ensino básico é uma meta desejada e discutida há muito tempo. O Plano Nacional de Educação (PNE) foi desenvolvido para ajudar a alcançar essa universalização, organizando e estruturando a educação nacional por meio da cooperação entre os estados.[6]

Seus principais objetivos são:

> [...] universalizar a oferta da etapa obrigatória (de 4 a 17 anos), elevar o nível de escolaridade da população, elevar a taxa de alfabetização, melhorar a qualidade da educação básica e superior, ampliar o acesso ao ensino técnico e superior, valorizar os profissionais da educação, reduzir as desigualdades sociais, democratizar a gestão e ampliar os investimentos em educação.[7]

---

[6] BRASIL. Ministério da Educação (MEC). Página Inicial. **Plano Nacional de Educação (PNE)**, [S. l.], 2024. Disponível em: https://pne.mec.gov.br/. Acesso em: 30 jul. 2024.

[7] *Ibidem*.

Desde a implementação do PNE, em 2014, houve alguns avanços, como a ampliação do acesso à educação infantil e a melhoria nos índices de escolaridade. No entanto, ao focar a expansão do número de matrículas no ensino básico, a qualidade do ensino foi comprometida, como mostram os baixos índices de desempenho em avaliações nacionais e internacionais.

O desafio agora é garantir não apenas o acesso universal à educação básica, mas também oferecer um ensino de alta qualidade para todos. Isso requer a implementação de políticas públicas e práticas pedagógicas que elevem a qualidade do ensino, visando à redução das desigualdades educacionais e assegurando que todos tenham acesso a uma educação de qualidade.

Quanto ao ensino superior, a questão da universalização é ainda mais complexa, visto que problemas estruturais e socioeconômicos, entre outros, afetam o acesso a esse nível de ensino. O PNE antecipa a necessidade de expandir o acesso ao ensino superior por meio da Meta 12, que visa aumentar a taxa de matrícula para 50% e a taxa líquida para 30%, entre jovens de 18 e 24 anos, garantindo a qualidade e aumentando as matrículas no setor público.[8]

Muitos fatores dificultam o acesso ao ensino superior. Os principais seriam: desigualdade socioeconômica, já que indivíduos de baixa renda têm mais dificuldade de custear seus estudos; má qualidade da educação

---

[8] BRASIL. Ministério da Educação (MEC). *op. cit*.

básica, o que torna os estudantes despreparados para enfrentar o ensino superior; falta de estímulo e apoio, já que muitos jovens precisam começar a trabalhar cedo e não são estimulados a investir na formação. Ao discutir tanto a qualidade quanto a universalização do ensino superior, é imprescindível considerar essas barreiras.

Qualidade fraca

A qualidade do ensino, que está intimamente relacionada à equidade e quantidade, pode ser avaliada usando diversos indicadores. Vou me ater a três pontos que considero fundamentais para entender a atual realidade da educação no Brasil: o baixo desempenho em avaliações educacionais, a má qualidade da formação docente e o mindset do professor.

Baixo desempenho em exames educacionais

Vou discutir os resultados em exames educacionais usando como exemplo dois exames importantes: o Pisa, que é internacional; e o Enade, nacional.

O Pisa (sigla em inglês para Programa Internacional de Avaliação de Estudantes) é aplicado a cada três anos, em 81 países. No último exame, realizado em 2022, mesmo com os desafios da pandemia, os resultados do Brasil não caíram significativamente, mas continuam preocupantes. Nossas notas continuam bem abaixo das médias dos países da Organização para a Cooperação e Desenvolvimento Econômico (OCDE), nas disciplinas avaliadas pela prova: Matemática, Ciências e Leitura.[9]

Além dessas disciplinas, o Pisa avalia habilidades como resolução de problemas complexos, pensamento crítico e comunicação eficaz, essenciais para preparar os estudantes para os desafios futuros. Cabe destacar que, em 2024, o Pisa avaliou, pela primeira vez, a criatividade dos alunos (inclusive com relação à resolução de problemas), e o Brasil ficou em 44º lugar entre 57 países, mostrando que estamos muito aquém do esperado para um país que busca uma educação mais inteligente e criativa.[10]

E é este ponto que gostaria de focar: se estamos falando de um exame que avalia a capacidade dos jovens de enfrentarem os desafios futuros, e se o Brasil tem apresentado resultados alarmantes nesse exame, será que nossos jovens estão preparados para enfrentar as próximas etapas da vida? Provavelmente, não. E isso se reflete na próxima avaliação da qual vou falar.

O Exame Nacional de Desempenho dos Estudantes (Enade) avalia os concluintes de cursos de graduação com

---

[9] RANKING da educação: Brasil está nas últimas posições no Pisa 2022; veja notas de 81 países em matemática, ciências e leitura. **G1**, 5 dez. 2023. Disponível em: https://g1.globo.com/educacao/noticia/2023/12/05/ranking-da-educacao-brasil-esta-nas-ultimas-posicoes-no-pisa-2022-veja-notas-de-81-paises-em-matematica-ciencias-e-leitura.ghtml. Acesso em: 31 jul. 2024.

[10] PREITE SOBRINHO, W. Criatividade de alunos brasileiros é das mais baixas do mundo, diz ranking. **UOL**, 18 jun. 2024. Disponível em: https://educacao.uol.com.br/noticias/2024/06/18/pisa-ocde-criatividade-alunos-brasileiros.htm. Acesso em: 30 jul. 2024.

base nos conteúdos das matrizes curriculares de cada curso, além de competências e habilidades necessárias para o desenvolvimento geral e profissional, e o nível de conhecimento sobre a realidade brasileira e mundial.[11]

Os últimos resultados no Enade mostram que, apesar da democratização do acesso ao ensino superior, isso não se traduz em bons resultados nesse exame. E uma vez que as habilidades e competências demandadas no Pisa e no Enade se relacionam, podemos concluir que a educação básica, que já apresenta falhas conforme visto nos resultados do Pisa, afeta diretamente o desempenho no ensino superior.

Por isso, é fundamental pensarmos em um modelo educacional que, além de preparar os estudantes para obterem bons resultados em exames educacionais, auxilie-os a desenvolverem as habilidades necessárias para enfrentar os desafios futuros da vida.

Má qualidade da formação docente

A formação de professores no Brasil enfrenta muitos desafios, o que acaba por comprometer a qualidade da educação básica. Questões como a estrutura oferecida, o conteúdo dos cursos de formação e até a falta de acompanhamento ao longo da carreira docente precisam ser revistas.

---

[11] INEP. Página Inicial. **Gov.br** [Brasília, DF, 2020]. Disponível em: www.gov.br/inep/pt-br. Acesso em: 30 jul. 2024.

Um dos principais problemas é a qualidade dos cursos oferecidos pelas universidades. Muitos não preparam adequadamente os futuros professores para os desafios do dia a dia escolar, oferecendo currículos desatualizados e desconectados da realidade da sala de aula. Além disso, a prática pedagógica durante a formação muitas vezes é insuficiente, mesmo quando são oferecidos estágios de maneira plena, já que nem sempre proporcionam a experiência necessária para o professor lidar com as demandas reais do ambiente escolar. Outro ponto crítico é a falta de incentivo à formação continuada – muitos professores, após a formação inicial, não dão prosseguimento aos estudos para se manterem atualizados.

No caso do ensino superior, uma questão adicional é que muitos professores vêm de áreas diversas, sem formação pedagógica específica, o que pode comprometer a qualidade do ensino oferecido, já que esses professores podem não estar adequadamente preparados para a dinâmica do dia a dia da sala de aula.

A área educacional vive um eterno looping: professores mal preparados formam professores igualmente mal preparados, perpetuando o problema. Para romper esse ciclo, é importante investir na qualidade da formação inicial dos professores, garantindo que eles adquiram os conhecimentos e as habilidades necessários para exercer sua profissão com excelência. Não há como falar em melhoria nos níveis educacionais sem falar em melhoria da qualidade da formação docente.

E o professor nisso tudo?

Com base em tudo o que falei até aqui, fica claro que o cenário da educação brasileira não está bom. Apresentei dados e argumentos que mostram uma série de desafios que nós educadores precisamos enfrentar com coragem e de forma colaborativa, trabalhando juntos para melhorar a qualidade da educação. Acredito firmemente que temos todas as condições de mudar essa realidade tão desigual. E é o que vamos buscar nas próximas páginas.

Meu objetivo com este livro é trazer um pouco de esperança, além de ações, para tornar o ambiente escolar mais rico e engajador.

Vamos juntos!

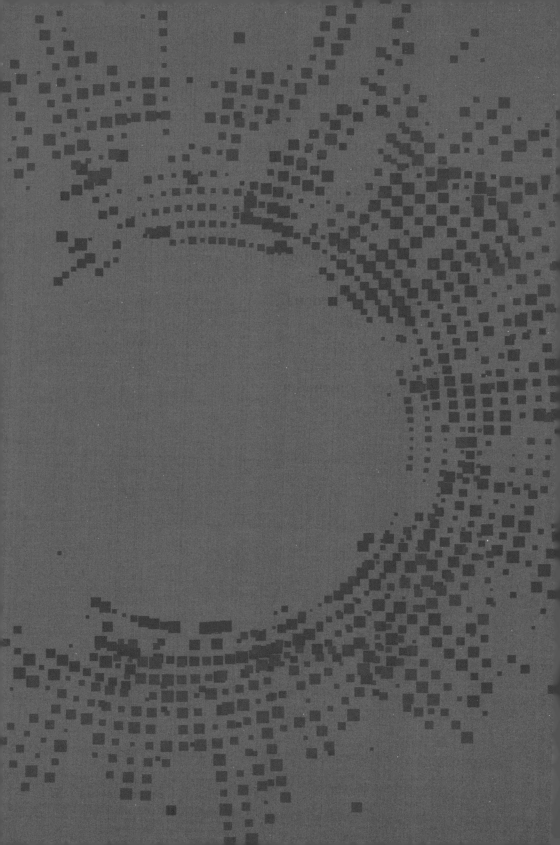

CAPÍTULO 2

POR QUE A EDUCAÇÃO BRASILEIRA NÃO VAI BEM?

É PRECISO UTILIZAR DE FORMA CORRETA O AVANÇO DA INTELIGÊNCIA ARTIFICIAL GENERATIVA.

ARNALDO NISKIER[12]

---

[12] NISKIER, A. A inteligência artificial e seus riscos éticos. **Folha de S.Paulo**, São Paulo, 4 abr. 2024. Disponível em: www1.folha.uol.com.br/opiniao/2024/04/a-inteligencia-artificial-e-seus-riscos-eticos.shtml. Acesso em: 31 jul. 2024.

No Capítulo 1, apresentei alguns problemas da educação brasileira, e constatamos que o ensino no país enfrenta sérias dificuldades. Tão importante quando conhecer esses problemas é saber suas causas. Assim, é possível mapear o contexto educacional do Brasil e, em seguida, pensar em soluções para esses desafios.

Neste capítulo, quero mostrar a você, caro professor, as razões pelas quais nossa educação não está indo bem.

A escola não é atraente, e os ambientes escolares não engajam os estudantes

É notório que o jovem não quer permanecer na escola. Isso se deve, em grande parte, ao fato de os ambientes escolares não serem convidativos, o que se manifesta de várias maneiras: espaços físicos e salas de aula pouco acolhedores; currículos desatualizados; métodos de ensino ultrapassados. Somados a tudo isso, a própria estrutura e o funcionamento da escola contribuem para essa falta de atratividade. Se as atividades não são dinâmicas e interessantes, os horários são rígidos e não há espaço para os alunos expressarem suas individualidades e seus interesses, a escola pode se tornar um ambiente desestimulante.

Além disso, muitos ambientes escolares não acompanharam as mudanças tecnológicas recentes e, portanto, não estão conectados com o mundo digital, o que dificulta ainda mais o engajamento dos estudantes.

Para Eric Mazur,[13] professor de Física na Universidade Harvard, nos Estados Unidos, "a sala de aula tradicional restringe as oportunidades de aprendizado". Ele sugere que, embora a tecnologia permita combinar ensino síncrono e assíncrono com o trabalho em grupo na sala de aula, é necessário "repensar a pedagogia". Simplesmente adicionar recursos tecnológicos não torna o ensino mais atrativo. É preciso repensar os métodos tradicionais de ensino e integrar novas tecnologias, de maneira que respeitem a singularidade de cada estudante.

O estudante não é tratado como um indivíduo único, e suas potencialidades não são respeitadas

Um dos grandes desafios da educação é se adaptar às mudanças nos perfis dos alunos. Com o passar do tempo, o perfil demográfico dos estudantes mudou, pois "existem mais representantes de uma população não branca, de

---

[13] CAMPOS, S. Jovens impulsionam reinvenção do ensino superior. **Valor econômico**, [s. l.], 14 mar. 2024. Disponível em: https://valor.globo.com/carreira/noticia/2024/03/14/jovens-impulsionam-reinvencao-do-ensino-superior.ghtml. Acesso em: 31 jul. 2024.

menor poder aquisitivo, mais velha, mais feminina ou que são a primeira geração da família a chegar a uma universidade".[14] Sendo assim, é preciso pensar em um ensino inclusivo e com um conteúdo que contemple essa diversidade.

Além das diferenças socioeconômicas, é importante reconhecer a singularidade do estudante como indivíduo, considerando suas características únicas, potencialidades, necessidades e dificuldades. Ignorar essa singularidade pode desmotivá-lo e levá-lo a perder o interesse nos estudos, em especial se ele não se vê representado nos modelos tradicionais de educação.

Para enfrentar tal desafio, é fundamental que o educador esteja atento e perceba as nuances que permeiam seu campo de atuação. Porém, esse olhar empático requer, além de habilidades técnicas, algo que faz toda a diferença no dia a dia do professor: ele precisa estar motivado.

Os professores estão desmotivados

Apesar da importância do professor para o desenvolvimento de uma educação de qualidade, a profissão é bastante desvalorizada, o que leva à desmotivação de muitos educadores e impede que desempenhem seu papel com excelência. Um dos maiores desafios da educação brasileira é tornar a carreira docente mais atra-

---

[14] CAMPOS, S. Jovens impulsionam reinvenção do ensino superior. **Valor econômico**, [s. l.], 14 mar. 2024. Disponível em: https://valor.globo.com/carreira/noticia/2024/03/14/jovens-impulsionam-reinvencao-do-ensino-superior.ghtml. Acesso em: 31 jul. 2024.

tiva, reconhecendo o professor como um profissional fundamental para a sociedade.

Pesquisas mostram que a carreira docente é vista com menos prestígio na sociedade brasileira em comparação com outras carreiras. De acordo com a pesquisa Global Teacher Status Index,[15] o Brasil ocupa a última posição entre 35 países na valorização da profissão docente pela população. Essa falta de reconhecimento agrava o sentimento de menos valia entre os que exercem essa profissão. Quando não se sentem valorizados, os professores investem menos na própria formação, gerando um círculo vicioso que os torna despreparados e receosos para enfrentarem os desafios oriundos dos variados contextos socioeconômicos dos estudantes e para lidarem com as novas tecnologias.

Embora seja essencial investir em formação, é também necessário que essa formação esteja alinhada com as novas práticas pedagógicas e que atenda aos currículos básicos de cada etapa de ensino. Mas como falar em educação de qualidade quando os currículos estão desatualizados?

Os currículos estão desatualizados

As novas tecnologias têm provocado mudanças significativas no ensino, forçando escolas e universidades a revisarem completamente seus currículos e a repensarem suas metodologias de ensino. Para Santiago Iñiguez, reitor da

---

[15] GLOBAL Teacher Status Index 2018. **Varkey Foundation**, [s. l.], 2018. Disponível em: www.varkeyfoundation.org/what-we-do/research/global-teacher-status-index-2018. Acesso em: 31 jul. 2024.

Universidade espanhola IE, a criação de novos programas e a mudança constante dos currículos deve ser uma regra a ser seguida por todas as universidades. "Pelo menos 20% a 30% do que se ensina deve ser repensado todos os anos; assim, ao longo de três anos, tudo vai ter sido revisto",[16] afirma.

Paralelamente a essas mudanças, estamos diante de uma nova geração de estudantes, muito mais questionadora e menos passiva. Eles querem compreender a razão de aprender determinado conteúdo e precisam encontrar sentido no que estão aprendendo. Para o professor Eric Mazur:[17]

> *Apenas apresentar um conteúdo não causa entusiasmo, é preciso criar projetos conectados com a sociedade, que despertem empatia. Também temos a obrigação moral de educar as pessoas para trabalharem melhor juntas.*

Por isso, para além da reforma curricular, é necessário pensar em um ensino que esteja conectado com os problemas reais da sociedade, que possibilite ao estudante desenvolver habilidades práticas, que facilite seu ingresso no mercado de trabalho e o prepare para os desafios da vida. No entanto, surge a questão: nosso sistema educacional está realmente preparando o estudante para a vida?

---

[16] CAMPOS, S. Jovens impulsionam reinvenção do ensino superior. **Valor econômico**, [s. l.], 14 mar. 2024. Disponível em: https://valor.globo.com/carreira/noticia/2024/03/14/jovens-impulsionam-reinvencao-do-ensino-superior.ghtml. Acesso em: 31 jul. 2024.

[17] *Ibidem*.

O ensino não prepara o estudante para a vida

Como mencionei, o ensino não atende às demandas do mundo atual nem ao novo perfil do estudante, que sente a necessidade de entender como o aprendizado pode se conectar com o mundo real e com as demandas da vida futura.

Uma das grandes questões em pauta atualmente é a inserção do jovem no mercado de trabalho e como ele pode utilizar o empreendedorismo para ter mais liberdade e mais possibilidades de atuação. E quando digo empreendedorismo, estou falando de uma realidade muito diferente de anos atrás. Se, antes, para empreender, era necessário ter um mínimo de capital para investir, além de alguma experiência na área pretendida, hoje a tecnologia possibilitou o acesso a ferramentas e recursos que facilitam a conexão entre pessoas que querem empreender e seus potenciais clientes.

De acordo com a Pesquisa Empreendedorismo,[18] jovens com interesse em começar o próprio negócio costumam compartilhar três características básicas: têm rotina focada e regrada, são disciplinados e determinados; abdicam do hoje em prol do futuro; e tendem a ser exigentes consigo mesmos. A pesquisa também revela que 76% dos estudantes universitários têm pelo menos uma dessas características. No entanto, 68% dos jovens entrevistados responderam que sua instituição de ensino não incentiva atitudes empreendedoras.

---

[18] EDUCA Insights. **Pesquisa empreendedorismo**. ABMES, [s. l.], 18 abr. 2023. Disponível em: https://abmes.org.br/arquivos/pesquisas/Empreendedorismo_ABMES_VF-maio2023.pdf. Acesso em: 31 jul. 2024.

Esses dados demonstram que há uma lacuna a ser preenchida nas instituições de ensino. Se fosse adotada uma abordagem voltada ao empreendedorismo, isso poderia motivar os alunos a permanecerem nas escolas e nas instituições de ensino superior. Inserir empreendedorismo no currículo ajudaria os alunos a desenvolverem uma mentalidade proativa, criativa e resiliente, aumentando sua conexão com o ambiente educacional e, consequentemente, reduzindo as taxas de evasão escolar.

Reconheço a importância das habilidades técnicas para a formação e o ingresso dos jovens no mercado de trabalho. No entanto, se quisermos prepará-los para a vida, de maneira integral, é necessário focar o desenvolvimento de habilidades que vão além das cognitivas: estou falando das habilidades socioemocionais.

A escola foca somente as habilidades cognitivas e esquece as socioemocionais

A importância do desenvolvimento das habilidades socioemocionais é amplamente debatida entre os educadores, surgindo como preocupação desde o início da vida escolar do aluno. A Base Nacional Comum Curricular (BNCC), que define os conhecimentos e as habilidades essenciais que o estudante deve adquirir ao longo da educação básica, enfatiza a relevância das competências socioemocionais no desenvolvimento integral dos estudantes.

Mas, afinal, quais são essas habilidades socioemocionais? Segundo a BNCC, e estendendo para as competências trabalhadas no ensino superior, essas habilidades incluem:

- entender as próprias emoções e saber quais são seus pontos fortes e fracos;
- controlar impulsos, definir metas e manter-se motivado;
- ter consciência social, aceitar a diversidade e demonstrar empatia;
- saber ouvir e ser colaborativo;
- ser capaz de tomar decisões responsáveis, considerando valores éticos e morais.[19]

Infelizmente, no ensino atual, em especial no superior, ainda não vemos uma integração ativa dessas habilidades com as técnicas cognitivas, tão valorizadas nessa modalidade de ensino.

Nhlanhla Thwala, vice-reitor da Universidade African Leadership, em Ruanda, explica que, ao iniciar a graduação, o estudante deve se dedicar a encontrar seu propósito de vida, perguntando-se sobre seus desejos e suas metas.[20] Ele enfatiza que o cidadão do futuro é

---

[19] Adaptado de: SEBRAE. Conheça as 5 competências socioemocionais da BNCC. **CER**, [s. l.], 12 dez. 2022. Disponível em: https://cer.sebrae.com.br/blog/conheca-as-5-competencias-socioemocionais-da-bncc/. Acesso em: 31 jul. 2024.

[20] CAMPOS, S. Jovens impulsionam reinvenção do ensino superior. **Valor econômico**, [s. l.], 14 mar. 2024. Disponível em: https://valor.globo.com/carreira/noticia/2024/03/14/jovens-impulsionam reinvencao-do-ensino-superior.ghtml. Acesso em: 31 jul. 2024.

aquele que mescla algumas habilidades básicas, como saber identificar sua missão, ter conhecimentos em tecnologia e se especializar em determinada área, mas sem deixar de dominar outras. Precisa ter uma veia empreendedora forte, mas a característica que deve sobressair é a ética.

A educação, para ser completa e promover o desenvolvimento integral do estudante, precisa atuar em três pilares fundamentais, que eu chamo de 3 Cs da educação: **cérebro** (cognitivo), **coração** (socioemocional) e **coragem** (comportamento). Ao unir razão, emoção e ação, é possível capacitar os alunos a pensarem de forma crítica e a agirem com coragem e empatia em todas as áreas da vida.

Ao integrarmos cérebro, coração e coragem, estamos oferecendo uma educação que não apenas transmite conhecimentos, mas também promove valores como respeito, ética e empatia, estimulando os alunos a explorarem suas paixões e seus interesses, com a coragem necessária para enfrentarem desafios e aproveitarem oportunidades. Esses três resumem as características essenciais para o desenvolvimento integral do estudante, tanto como cidadão quanto como ser humano.

Minha provocação para o próximo capítulo é: diante de tudo o que discutimos até agora, o que podemos fazer para alcançar o ensino que realmente queremos?

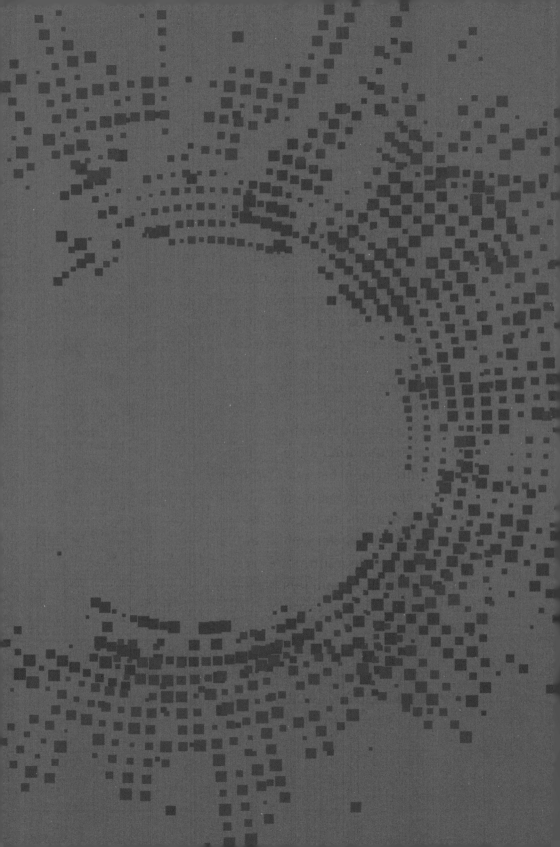

CAPÍTULO 3

O QUE FAZER PARA QUE A EDUCAÇÃO SEJA MAIS INTELIGENTE

A EDUCAÇÃO É A ARMA MAIS PODEROSA QUE VOCÊ PODE USAR PARA MUDAR O MUNDO.

NELSON MANDELA[21]

---

[21] Trecho do discurso de Nelson Mandela proferido no Planetarium da Universidade de Witwatersrand, no lançamento do Mindset Network. (MANDELA, N. Address by Nelson Mandela at launch of Mindset Network, Johannesburg. **Nelson Rolihlahla Mandela**, Joanesburgo, 16 jul. 2003. Disponível em: www.mandela.gov.za/mandela_speeches/2003/030716_mindset.htm. Acesso em: 31 jul. 2024.)

Chegou o momento de trazer boas notícias! Já discutimos os desafios e as causas dos problemas na educação brasileira. Agora, quero apresentar algumas soluções possíveis que podem ajudar a melhorar nosso sistema educacional. Não pretendo encerrar o debate nem passar a ideia de que tenho todas as respostas, mas gostaria de pensar com você sobre como podemos tornar a educação mais eficiente e, por que não, mais inteligente.

Personalizando a experiência do aluno

No capítulo anterior, falamos sobre como é difícil reconhecer o aluno como um ser único, singular. Muitas vezes, esquecemos que cada um traz consigo uma história de vida e experiências que influenciam seu comportamento e desempenho escolar.

Para ilustrar a importância de adaptar o ensino às necessidades individuais, vou compartilhar uma história pessoal. Sempre fui uma criança que aprendia com muita facilidade e terminava as lições antes dos outros. Isso muitas vezes me deixava sem nada para fazer até o fim da aula, o que me tornava inquieto e até irritado. Resultado? Acabava conversando e fazendo bagunça na sala de aula, pois queria interagir com os colegas, que ainda estavam fazendo as tarefas. Meus pais foram chamados na escola diversas vezes, pois os professores e a coordenação não sabiam lidar com meu "mau comportamento". Durante muito tempo, fui aquela criança que ficava isolada ou que era punida porque não se comportava de acordo com o esperado.

Anos mais tarde, na adolescência, descobri que tinha Transtorno de Déficit de Atenção com Hiperatividade (TDAH). Esse diagnóstico esclareceu muitas coisas sobre o meu comportamento até então e trouxe alívio para mim e meus pais. Note: naquela época, não era comum identificarem esse transtorno, o que me causou enormes problemas e deixou marcas profundas em minha formação escolar. Além disso, descobri que tinha QI acima da média, o que hoje me classificaria como uma pessoa com altas habilidades. Eu era uma criança inquieta, ávida por aprender mais e mais, mas não fui compreendido naquele momento. Apesar dos esforços dos meus pais, se eu tivesse recebido o suporte adequado dos professores, com certeza as coisas teriam sido diferentes.

Atualmente, quando nos deparamos com alunos com características semelhantes, sabemos que estamos diante de um novo paradigma de discussão, chamado "neurodiversidade", que propõe uma abordagem mais sociológica e menos clínica de questões concernentes a pessoas identificadas com determinados diagnósticos, como autismo e TDAH, dentre outros. Não há que se falar em pessoas com problemas ou dificuldades de aprendizado. A ideia é reconhecer que cada um tem o próprio ritmo de aprendizado, algo verdadeiro para todos nós, pois cada indivíduo é único em sua forma de aprender.

Ao compartilhar minha experiência de forma tão sincera, quero mostrar que, se a minha escola tivesse ferramentas adequadas para avaliar e atender às minhas necessidades de aprendizagem, eu teria sido um estudante mais engajado (e olha que estamos falando de uma escola conceituada, mas de um tempo em que muitos dos métodos aplicados hoje não eram utilizados). E é aqui que chego ao ponto que eu queria chegar: toda sala de aula tem estudantes com perfis variados e diferentes necessidades. Cabe a nós educadores, junto com as famílias e a coordenação, identificar essas necessidades e lidar com esse aluno da maneira mais adequada possível, de modo a motivar o desenvolvimento dele. É importante frisar que, em casos de diagnósticos de transtornos ou necessidades específicas, deve-se trabalhar com muita responsabilidade, respeitando o momento e o nível intelectual do aluno.

No próximo capítulo, explorarei como podemos personalizar a experiência do aluno. O que desejo ressaltar, por ora, é a importância de reconhecer que cada estudante precisa ser compreendido em sua singularidade, ter seu nível de aprendizado respeitado e ser estimulado de acordo com as suas necessidades. Só assim será possível manter esse aluno na escola, engajado e preparado para enfrentar os desafios da vida.

Criando ambientes de aprendizagem mais atraentes

Sabemos que um dos motivos que explicam a alta evasão escolar é o fato de os ambientes escolares não serem atraentes. No mundo atual, dominado pela tecnologia, ainda existem escolas sem um único computador para uso dos alunos, além de salas de aula que parecem ter parado no tempo de tão obsoletas.

É essencial que as instituições de ensino busquem formas de as tornar mais atraentes e engajadoras para os alunos. Isso inclui adaptar as aulas às particularidades dos estudantes e oferecer atividades e espaços que estimulem a aprendizagem e promovam um ambiente escolar mais acolhedor e inclusivo.

Uma estratégia para atrair os estudantes é integrar a tecnologia, já presente no dia a dia deles, às salas de aula. Isso deve ser feito respeitando os limites e os recursos disponíveis em cada escola, considerando as grandes diferenças regionais do nosso país. Também é importante que a tecnologia seja usada de maneira relevante ao contexto do aluno.

Acredito veementemente no potencial da Inteligência Artificial para tornar a tecnologia mais acessível nas escolas. Não estou propondo uma revolução tecnológica imediata na sala de aula, e sim o uso inteligente e adaptado da IA, considerando o que cada escola pode oferecer. E posso falar? Há inúmeras maneiras de usar a IA para engajar os alunos e criar ambientes escolares mais atraentes. Vou detalhar todas essas possibilidades no Capítulo 5.

Redefinindo o papel do professor

Com o avanço das novas tecnologias, principalmente a IA, é inegável que o papel do professor mudou. Antes, ele era visto como o detentor do conhecimento, que transmitia ensinamentos aos alunos, que os recebiam de forma passiva. Hoje, o processo de ensino-aprendizagem é diferente: como discutido nos capítulos anteriores, o estudante contemporâneo deseja participar ativamente das aulas, questionar o que e por que está aprendendo.

Isso nos leva a considerar um novo perfil de professor: um curador de conteúdos, um facilitador da aprendizagem, e não mais um "entregador" de conhecimentos. Atualmente, é essencial que o professor atue como um mentor, guiando e explicando as possibilidades, mas permitindo que o estudante trilhe a própria jornada de aprendizado, respeitando sua autonomia e seu protagonismo. Tudo isso deve ser feito com muita responsabilidade, e é fundamental que o professor veja a IA como uma aliada nesse processo, servindo como facilitadora da aprendizagem. No Capítulo 6, vou mostrar como a IA pode ajudar a consolidar esse novo papel do professor.

Desenvolvendo currículos flexíveis e inovadores

Quando falamos de currículo, muitas vezes nos referimos a modelos ultrapassados, que não estão alinhados com as novas tendências e não captam o interesse dos estudantes. Por isso, é essencial discutir a criação de currículos flexíveis e inovadores, que acompanhem as últimas tendências e preparem os alunos para uma nova realidade. A flexibilidade se torna fundamental em um mundo cada vez mais imprevisível, e um currículo rígido e desatualizado não garante a adequada formação dos alunos para um futuro ainda incerto. A IA, em colaboração com o professor, traz todo esse potencial de renovação e dinâmica.

Há várias inovações que podem ser implementadas nos currículos, como a adoção de modelos híbridos de aulas, parcerias com empresas e instituições, uso de certificações específicas para cada nível de ensino (como as oferecidas por empresas de tecnologia) e introdução da IA nos currículos para aumentar o engajamento dos estudantes. Essas e outras opções serão discutidas em detalhes no Capítulo 8.

Veja que não estou propondo soluções mirabolantes para adequar os currículos aos novos tempos. Estou falando de aproveitar recursos já disponíveis na maioria das escolas para trazer mudanças práticas. Sendo assim, é importante que você, professor, esteja aberto a essas possibilidades e disposto a explorar novos caminhos. Pode ser algo intimidador para alguns, mas é uma jornada fascinante. Para embarcar nessa transformação, é necessário estar pronto para atuar em uma questão sobre a qual falarei no próximo item.

Incentivando a jornada do estudante

Falei anteriormente sobre a necessidade de valorizar a experiência do aluno, respeitando sua singularidade. Para além do ensino escolar, é importante considerar a vida do estudante como indivíduo, seu contexto socioeconômico e quanto ele está preparado para enfrentar desafios futuros. Muitas vezes, a escola não prepara adequadamente o estudante para o mercado de trabalho, o que gera uma multidão de jovens que desistem dos estudos, não conseguem se inserir no mercado de trabalho ou acabam em subempregos, nos quais não exercitam todas as suas capacidades. Por isso, é fundamental que a escola prepare os estudantes para a vida, algo que também pode ser facilitado pelo uso de tecnologias e da IA.

Por meio de uma série de *cases* de sucesso, vou mostrar como é possível utilizar a IA para flexibilizar e enriquecer a jornada do estudante, preparando-o não apenas para o mercado de trabalho, mas também para empreender e exercitar todas as suas habilidades. Falarei mais sobre isso no Capítulo 7.

Vencendo as resistências

Neste capítulo, apresentei algumas soluções que podem ajudá-lo a melhorar o ambiente escolar, engajar os alunos e tornar o currículo mais atraente e atual. Todas essas mudanças podem ser adequadas à realidade de cada escola e implementadas aos poucos, respeitando as condições e contextos específicos de cada instituição.

No entanto, para que essas mudanças sejam efetivas e gerem resultados positivos, é essencial que você, professor, esteja disposto a desafiar alguns paradigmas e vencer algumas resistências. Alterar a dinâmica da aula e a apresentação dos conteúdos, experimentar novas tecnologias, descartar o que não serve mais e utilizar a IA em sala de aula, por exemplo, pode ser desafiador no início, mas, com o tempo, você perceberá que os recursos tecnológicos são verdadeiros aliados no nobre ofício de ensinar.

Mudanças podem ser difíceis e dolorosas. Por isso, gostaria de sugerir alguns pontos de análise que podem auxiliá-lo nesse processo:

- identifique quais são as suas resistências. Pode ser um medo ou uma insegurança específica, ou até mesmo a falta de interesse em determinado tema ou conteúdo. Entender essas barreiras, encarando-as sem preconceito, é o primeiro passo para superá-las;
- defina metas para superar essas resistências e trabalhe constantemente para ser bem-sucedido nisso;

- converse com mentores, colegas ou profissionais que enfrentam desafios semelhantes para conhecer novas perspectivas sobre a questão. Você perceberá que muitas pessoas lidam com as mesmas resistências;
- peça feedback aos alunos sobre suas aulas e seus métodos, pergunte a eles se acham que estão aprendendo e se estão sentindo prazer nas novas descobertas. Isso pode oferecer insights valiosos sobre sua eficácia como educador. Importante: essa avaliação deve partir do próprio professor;
- participe de workshops, cursos e palestras para se atualizar sobre novas tendências e metodologias de ensino;
- pesquise e experimente novas metodologias e abordagens pedagógicas. Isso não apenas tornará suas aulas mais interessantes, mas também criará um círculo virtuoso de engajamento e motivação.

Convido você a se juntar a mim nessa jornada para explorar esses princípios que, com certeza, o ajudarão a superar obstáculos e tornarão suas aulas mais estimulantes. A boa notícia é que as soluções discutidas aqui podem ser a chave para transformar o ambiente escolar.

Nos próximos capítulos, apresentaremos o "Quadro da transformação", com o objetivo de mostrar como é possível evoluir de um modelo de ensino tradicional para um modelo transformador.

DE	PARA
Modelos únicos de ensino	Modelos individualizados de aprendizagem
Ambientes tradicionais, como na era industrial	Ambientes ricos e motivadores da era digital
Professores como donos e entregadores únicos do conhecimento	Professores como mentores e curadores do conhecimento
Currículos segmentados e previsíveis	Currículos flexíveis e por competências
Alunos como objetos passivos do ensino	Alunos como protagonistas da própria jornada de aprendizagem

CAPÍTULO 4

PRINCÍPIO 1: TODO ALUNO É ÚNICO EM SEU POTENCIAL DE APRENDER

SEJA UMA LUZ PARA SI MESMO.

BUDA[22]

---

[22] A frase "Seja uma luz para si mesmo" é atribuída a Buda. Ela faz parte do discurso final de Buda, também conhecido como "Última Instrução". Em Pali, a frase é *Attā dīpa bhava* e pode ser encontrada nos textos budistas, especificamente no Mahāparinibbāna Sutta (DN 16) do Cânon Pali.

DE	PARA
Modelos únicos de ensino	Modelos individualizados de aprendizagem
Ambientes tradicionais, como na era industrial	Ambientes ricos e motivadores da era digital
Professores como donos e entregadores únicos do conhecimento	Professores como mentores e curadores do conhecimento
Currículos segmentados e previsíveis	Currículos flexíveis e por competências
Alunos como objetos passivos do ensino	Alunos como protagonistas da própria jornada de aprendizagem

Até agora, falei dos desafios, das causas e das possíveis soluções para os problemas da educação brasileira. Chegou o momento das boas notícias: quero compartilhar com você, educador, princípios que podem ajudá-lo a mitigar esses problemas e tornar o dia a dia muito mais motivador e produtivo. Começarei falando do primeiro princípio, sobre a personalização da experiência do aluno, e, nos próximos capítulos, abordarei outros princípios igualmente importantes. Com isso, espero mostrar que é possível transformar a educação usando recursos e ferramentas ao seu alcance. Vamos começar?

Explorando o potencial de cada aluno

Só é possível pensar em soluções e boas práticas para a educação se compreendermos que cada aluno deve ser tratado como um ser único, dotado de habilidades, capacidades e limitações que precisam ser consideradas no planejamento escolar. Não existe uma abordagem única, que funcione para todos. É necessário adaptar o ensino às necessidades individuais do estudante, lembrando que cada um tem áreas de interesse, necessidades, ritmos e tempos de aprendizagem diferentes, realidades socioeconômicas e experiências de vida distintas. Isso torna a personalização algo fundamental para o sucesso das estratégias educacionais.

Você se lembra da experiência pessoal que contei no capítulo anterior? Se eu não tivesse sido estimulado e acolhido por meus pais, pelos professores e pela própria escola, que compreendeu que eu era um ser único e precisava ser tratado de maneira distinta, provavelmente meu desenvolvimento teria sido comprometido e/ou minhas capacidades teriam sido limitadas, pois eu era um aluno que precisava de desafios para se sentir estimulado. E aí entram duas questões centrais, que devem ser observadas por quem trabalha com educação: 1. Todo estudante tem o direito de aprender de acordo com sua singularidade e suas características próprias; 2. O professor precisa ter consciência de que diferentes alunos precisam ser tratados de forma diferente, mesmo com o desafio de salas de aula lotadas, o que, muitas vezes, impede uma abordagem mais personalizada. Isso não significa, em hipótese alguma, segregar ou não dar a devida atenção para os alunos que apresentem dificuldades de aprendizado. Significa, sim, que o professor precisa se adequar ao ritmo do aluno, de modo a maximizar suas capacidades.

É aqui que entra o conceito de aprendizagem adaptativa, ou seja, a estratégia de ensino baseada no aproveitamento de cada aluno. Com o auxílio da tecnologia, o professor pode dispor de ferramentas adaptadas às necessidades de cada estudante.

Para Max Damas, assessor da presidência da Associação Brasileira de Mantenedoras de Ensino Superior:

> *A aprendizagem adaptativa emerge como um pilar transformador no panorama educacional, oferecendo um modelo altamente personalizado e eficaz, que se ajusta às necessidades e ao ritmo de cada estudante.*[23]

Segundo ele, além de reconhecer a individualidade de cada aluno, essa abordagem "integra de maneira inteligente a experiência e a orientação dos educadores, criando um ambiente de aprendizado mais interativo e responsivo".[24]

Quando o professor reconhece a singularidade de cada estudante, consegue criar ambientes de aprendizagem mais inclusivos, ajudando o aluno a alcançar seu potencial máximo. Nesse contexto, a tecnologia é uma grande aliada e pode ser usada de diferentes maneiras, como: utilização de diferentes metodologias de ensino, uma vez que o ritmo da aula não precisa ser padronizado e deve se adequar a cada necessidade; promoção de um ambiente colaborativo e acolhedor; uso de recursos tecnológicos, especialmente a Inteligência Artificial.

---

[23] DAMAS, M. Aprendizagem adaptativa: o estudante no centro! **ABMES**, *[s. l.]*, 16 abr. 2024. Disponível em: https://abmes.org.br/blog/detalhe/18783/aprendizagem-adaptativa-o-estudante-no-centro-. Acesso em: 31 jul. 2024.

[24] *Ibidem.*

Neste capítulo, meu foco será a IA como instrumento de personalização e valorização da experiência do aluno. Pense comigo: a IA auxilia na mitigação de vários problemas, além de servir como uma excelente ferramenta de avalição e diagnóstico de aprendizagem. Por exemplo, ela pode ajudar na identificação dos motivos de evasão escolar, permitindo um trabalho preventivo e focado nas causas dessa evasão.

Archan Misra, vice-reitor e professor de ciência da computação na Singapore Management University (SMU), acredita que a IA pode aprimorar a aprendizagem ao identificar diferentes perfis de aprendizado e adaptar-se ao ritmo de cada aluno.[25] Perceba a dimensão: a IA possibilita um acompanhamento personalizado de toda a experiência educacional, o que me faz lembrar da máxima de que é preciso tratar os diferentes de forma diferente, mas com a mesma eficiência.

Outro exemplo de uso inteligente da IA é mostrado por Tales Andreassi, vice-reitor da Escola de Administração de Empresas de São Paulo da Fundação Getulio Vargas: "Na escola, temos 20% de alunos bolsistas, que muitas vezes acabam desistindo porque não conseguem acompanhar o curso",[26] indicando haver uma grande diferença entre alunos provenientes

---

[25] CAMPOS, S. Jovens impulsionam reinvenção do ensino superior. **Valor econômico**, [s. l.], 14 mar. 2024. Disponível em: https://valor.globo.com/carreira/noticia/2024/03/14/jovens-impulsionam-reinvencao-do-ensino-superior.ghtml. Acesso em: 31 jul. 2024.

[26] *Ibidem*.

de escolas públicas e os de escolas privadas. Saber quais são os gaps de aprendizado (algo possível por meio da IA) dos estudantes de escolas públicas possibilitaria um trabalho de "reforço logo no início das aulas",[27] para que esses alunos pudessem acompanhar os demais.

As possibilidades são infinitas. Agora, gostaria de explorar algumas iniciativas de sucesso que mostram como a IA pode ser uma valiosa aliada na personalização da experiência do aluno.

Alguns instrumentos de personalização da aprendizagem

Como educador, sou um entusiasta do uso da IA para personalizar a aprendizagem. Percebo que ela está sendo cada vez mais utilizada como complemento às práticas pedagógicas em diversos segmentos da educação. Entre as possibilidades que estão ganhando espaço, gostaria de destacar algumas.

Mineração de dados, machine learning *e modelos preditivos*

Quero iniciar este tópico explicando alguns conceitos importantes sobre como essas ferramentas são usadas na educação. Existem três subáreas da IA que po-

---

[27] CAMPOS, S. *op. cit.*

dem ser excelentes recursos na personalização da experiência do estudante.

A primeira é a mineração de dados, que envolve o processo de extrair informações úteis de grandes bancos de dados.[28] Isso significa encontrar dados importantes que possam ajudar em análises ou tomadas de decisão específicas. A segunda subárea, o *machine learning*, refere-se ao processo pelo qual computadores "aprendem" com novos dados para melhorar suas previsões sobre determinados temas.[29] Conforme a máquina aprende novos padrões, consegue fazer previsões mais precisas e trabalhar com os dados obtidos de maneira estratégica. Por fim, temos os modelos preditivos, que são algoritmos de aprendizado de máquina que usam dados para prever eventos futuros. Usando matemática, estatística e probabilidade, esses modelos ajudam a identificar tendências e facilitar projeções futuras. Essas três subáreas são muito similares e se complementam, o que explica a riqueza de possibilidades que elas oferecem.

Na educação, é possível utilizar a mineração de dados, o *machine learning* e os modelos preditivos de várias maneiras. Cito algumas delas:

---

[28] SAADIA, G. N. **Uso de técnicas de *machine learning* na previsão do risco de inadimplência de alunos em uma instituição de ensino superior privada.** 2020. Dissertação (Mestrado em Administração) - Pontifícia Universidade Católica do Rio de Janeiro, Rio de Janeiro, 2020. p. 40.

[29] *Ibidem*, p. 41.

- previsão do desempenho dos estudantes: por meio da análise de dados dos alunos, como frequência, notas, participação em palestras ou outras atividades extracurriculares, é possível prever o desempenho futuro do estudante em determinadas disciplinas e trabalhar eventuais lacunas, dificuldades e limitações que esse aluno possa ter em alguma área;
- previsão da evasão escolar: os modelos preditivos possibilitam a identificação dos alunos que estão em risco de abandonar os estudos. Ao analisar padrões comportamentais, as instituições podem intervir a tempo, oferecendo suporte necessário para manter esses estudantes na escola, minimizando, assim, os índices de evasão escolar;
- personalização da aprendizagem: com base nos dados de desempenho e nas preferências do estudante, é possível recomendar recursos, atividades e estratégias educacionais mais adequados para cada perfil. Organizar a turma em grupos de interesse ou em estações de estudo, em que cada aluno aprende de acordo com a sua necessidade, é um ótimo exemplo de como essa personalização pode ser aplicada.

Gamificação

A gamificação da educação (ou educação baseada em jogos) envolve a introdução de elementos típicos de jogos — como rankings, desafios, recompensas e competições — para engajar e motivar os estudantes no contexto educacional. Para Carmen Tavares, gestora educacional e de inovação, "esses jogos podem ser projetados para se adaptar às habilidades e interesses dos alunos, tornando a aprendizagem mais eficaz e agradável".[30] Com isso, a ideia da gamificação é aproveitar o caráter lúdico e motivador dos jogos para tornar o processo de aprendizagem mais interessante, interativo e colaborativo, o que traz resultados positivos, como:

- **aumento do engajamento dos alunos:** como a gamificação torna o aprendizado mais divertido, é natural que os estudantes se envolvam mais em todo o processo de ensino e aprendizagem;
- **aumento da motivação para aprender:** os jogos estimulam os alunos a superarem obstáculos como forma de obter recompensas, motivando-os a vencerem os desafios propostos e os próprios limites;
- **estímulo da aprendizagem ativa:** como os jogos estimulam a exploração de conceitos e a resolução de problemas de maneira dinâmica, os jovens se tornam protagonistas do próprio desenvolvimento, o que requer uma postura ativa;

---

[30] TAVARES, C. Tendências emergentes: o que esperar da inteligência artificial em 2023. **ABMES**, [s. l.], 28 mar. 2023. Disponível em: https://abmes.org.br/colunas/detalhe/1986/tendencias-emergentes-o-que-esperar-da-inteligencia-artificial-em-2023. Acesso em: 31 jul. 2024.

- **feedback imediato e personalizado:** geralmente, os jogos oferecem retorno imediato das ações executadas pelos jogadores. Sendo assim, é possível obter um retorno rápido e personalizado da atividade que está sendo proposta. Além disso, é possível personalizar a experiência do estudante de acordo com suas necessidades e habilidades individuais, oferecendo recompensas a cada desafio superado;
- **aumento da colaboração:** jogos educacionais promovem a colaboração entre os estudantes, que são estimulados a trabalharem juntos para alcançarem objetivos comuns;
- **avaliação mais dinâmica:** os jogos são excelentes instrumentos de avaliação do progresso de cada aluno, sendo uma alternativa às avaliações tradicionais.

Utilização de modelos híbridos

Outra excelente maneira de personalizar a experiência do estudante são os modelos híbridos. Com essa abordagem, os alunos têm a liberdade de aprender de onde estiverem, em qualquer momento, por meio de aulas presenciais e remotas, além das atividades assíncronas (fora da sala de aula). Com isso, a aprendizagem não fica restrita somente ao ambiente presencial e síncrono, o que torna a experiência de aprendizado mais flexível. Trarei mais detalhes sobre esse modelo no próximo capítulo.

Neste capítulo, explorei uma questão fundamental para aprimorar e desenvolver uma boa relação ensino-aprendizagem: permitir que cada aluno aprenda de forma personalizada, de acordo com o próprio ritmo e suas características individuais. Ao utilizarem as tecnologias disponíveis, os professores podem criar ambientes mais dinâmicos e engajadores, atendendo às necessidades de cada estudante. Essa abordagem é essencial para uma educação mais eficiente e inclusiva, e transforma tanto a experiência do aluno quanto a educação como um todo. Sigamos!

NA PRÁTICA

- Conheça os alunos.
- Faça perguntas, demonstre curiosidade pelas histórias pessoais.
- Chame cada um pelo primeiro nome.
- Crie múltiplos contextos nos quais eles possam se sentir mais confortáveis.
- Use múltiplos recursos para ensinar: vídeos, sons, textos.
- Utilize ferramentas preditivas para adequar o ensino às características individuais do aluno.

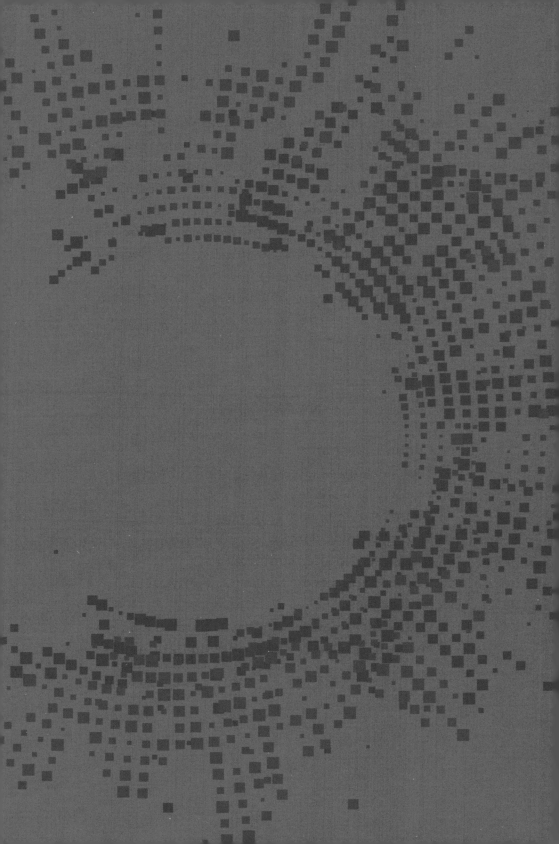

CAPÍTULO 5

PRINCÍPIO 2: A APRENDIZAGEM OCORRE EM AMBIENTES ATRAENTES PARA O ALUNO

EDUCAÇÃO NÃO É ACUMULAR CONHECIMENTOS, MAS AMPLIAR A CAPACIDADE DE OBSERVAR E APRENDER.

JIDDU KRISHNAMURTI[31]

---

[31] A frase de Jiddu Krishnamurti pode ser encontrada em suas obras e em seus discursos sobre educação. Uma referência específica está no livro *Krishnamurti on education*, em que ele explora profundamente suas ideias sobre o verdadeiro propósito da educação.

DE	PARA
Modelos únicos de ensino	Modelos individualizados de aprendizagem
Ambientes tradicionais, como na era industrial	Ambientes ricos e motivadores da era digital
Professores como donos e entregadores únicos do conhecimento	Professores como mentores e curadores do conhecimento
Currículos segmentados e previsíveis	Currículos flexíveis por competências
Alunos como objetos passivos do ensino	Alunos como protagonistas das suas jornadas de aprendizagem

Sem dúvida, quanto mais atraente for o ambiente em que o aluno estiver inserido, mais motivado ele ficará para aprender. Sendo assim, é necessário propiciar ambientes que engajem os estudantes a aprenderem cada vez mais. Neste capítulo, vou falar sobre como tornar o ambiente educacional mais envolvente e como deve ser a atuação do professor na criação e na manutenção desses ambientes.

Prepare-se para descobrir como transformar a sala de aula em um espaço que inspire e motive os alunos a alcançarem todo o seu potencial!

A abordagem dos quadrantes híbridos na aprendizagem

A pandemia de covid-19 mudou radicalmente o cenário educacional. Antes, havia uma forte resistência aos modelos híbridos de aprendizagem. No entanto, nos anos pós-pandemia, temos visto uma crescente aceitação e o reconhecimento do potencial desses modelos. Esse novo paradigma, que combina elementos do ensino presencial com o virtual, está cada vez mais sendo considerado uma abordagem eficaz e totalmente adaptável para o futuro da educação.

Maria Helena Guimarães de Castro, ex-presidente do Conselho Nacional de Educação (CNE), descreve a educação híbrida como "uma abordagem inovadora para o desenvolvimento de competências e habilidades em que as atividades híbridas podem complementar as presenciais por diferentes meios, sempre lembrando que todos os nossos estudantes são nativos digitais".[32] Isso mostra que a educação híbrida veio para ficar, oferecendo uma série de possibilidades para o educador que deseja criar ambientes de aprendizado mais envolventes.

Atenta à necessidade de oferecer aos educadores dinâmicas pedagógicas alinhadas aos tempos atuais, a Associação Brasileira de Mantenedoras de Ensino Superior desenvolveu um modelo de educação híbrida baseado em quadrantes que consideram as dimensões tempo e espaço. Esse modelo, segundo a ABMES, "sintetiza a materialização da educação híbrida nas salas de aula e auxilia as IES na construção de novos projetos pedagógicos que dialoguem com essa nova realidade".[33] Os quadrantes mostram que a sala de aula é apenas uma das quatro opções disponíveis, permitindo que a atuação do docente ultrapasse os limites físicos.

---

[32] NISKIER, C. **Os quadrantes híbridos da educação superior brasileira**: uma proposta. ABMES. Brasília: ABMES Editora, 2021. p. 47.

[33] *Ibidem*, p. 48.

A ideia principal do quadrante híbrido envolve trabalhar com dois eixos: o espaço (presencial ou virtual) e o tempo (síncrono ou assíncrono). A combinação desses dois eixos cria quatro quadrantes de possibilidades didático-pedagógicas, expandindo as maneiras pelas quais o ensino pode ser experienciado. Observe o Quadro 1 a seguir:

Quadro 1 – Quadrantes da educação híbrida: proposta de modelo

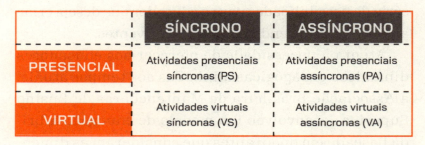

Fonte: Niskier (2021, p. 49).

Cada quadrante tem características e formas específicas de acesso. No presencial síncrono (PS), alunos e professores estão fisicamente juntos e interagem em tempo real, tal qual ocorre na sala de aula convencional ou nas aulas realizadas em laboratórios. No virtual síncrono (VS), a interação entre professores e alunos também ocorre simultaneamente, mas eles não compartilham o mesmo espaço físico; as aulas são realizadas de forma remota, como em videoconferências ou chats de plataformas de ensino a distância. Já no quadrante presencial assíncrono (PA), o estudante realiza atividades supervisionadas em momentos que escolher, sem necessidade de o professor estar presente simultaneamente. Exemplos disso podem ser as atividades realizadas em laboratórios, bibliotecas e pesquisas de campo. Por fim, no quadrante virtual assíncrono (VA), por meio de ambientes virtuais de aprendizagem, o aluno acessa conteúdo digital de maneira autônoma e a hora que desejar, como ocorre no modelo de educação a distância (EAD).

O modelo de quadrantes híbridos não é engessado, pelo contrário, ele tem por objetivo oferecer inúmeras possibilidades de trabalho e atuação para o professor. Assim, é possível planejar as aulas incorporando atividades que contemplem dois ou mais quadrantes, adaptando-as conforme a estratégia pedagógica e as necessidades de aprendizagem de cada estudante. No entanto, ressalto que, para implementar efetivamente o modelo híbrido, é fundamental utilizar ao menos dois quadrantes.

Os quadrantes oferecem uma infinidade de possibilidades. Por meio de cada um deles, é possível o planejamento de atividades considerando determinada realidade ou contexto, como aulas expositivas presenciais ou remotas, aulas em laboratórios, projetos de pesquisa, visitas guiadas, dentre outras. Na Figura 1, a seguir, um exemplo de como os quadrantes podem ser aplicados ao planejamento de atividades pedagógicas.

Figura 1 – Possibilidades didático-pedagógicas

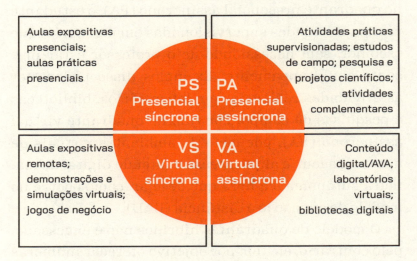

Fonte: Niskier (2021, p. 50).

Note que estou falando de um modelo adaptável para atender às necessidades de cada aluno e à realidade de cada escola, o que se traduz em uma oportunidade magnífica de inovar e criar um ambiente favorável ao aprendizado. Professores e gestores podem escolher o modelo mais adequado e que dialoga da melhor forma com o processo pedagógico de suas instituições.

É possível implementar os quadrantes híbridos em diferentes áreas do conhecimento. Vou dar um exemplo prático de atividade possível em cursos de licenciatura em Letras. O professor poderia pedir aos alunos que analisassem as gírias mais utilizadas em sua cidade. Essa tarefa envolve um contexto regional e pode levar a um rico trabalho multidisciplinar, envolvendo professores de outras disciplinas. A seguir, demonstro na Figura 2 como essa atividade pode ser organizada, considerando cada quadrante híbrido.

Figura 2 – Estudo das gírias regionais

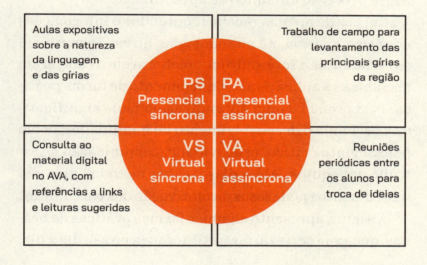

Fonte: elaborada pelo autor.

Esse exemplo mostra como os quadrantes híbridos são uma excelente forma de inovação e de criação de um ambiente estimulante para o aluno. Esse modelo rompe as barreiras tradicionais de tempo e de espaço, fomentando a liberdade, a criatividade e o potencial do estudante, o que o aproxima ainda mais de uma educação mais significativa, respeitando seu contexto e sua singularidade.

Trabalhando com metodologias ativas

Falar de metodologias ativas é destacar o aluno como protagonista, já que o coloca no centro do processo de aprendizagem. Ele se torna um participante ativo, engajado e responsável pela própria educação, e o professor, por sua vez, atua como um mentor, guiando o estudante nesse processo dinâmico de aprendizado.

Em vez de apenas receber conteúdos e informações de forma passiva, as metodologias ativas incentivam os estudantes a interagirem, colaborarem, resolverem problemas e aplicarem o conhecimento de forma prática. Isso promove uma aprendizagem mais significativa e estimula o desenvolvimento de habilidades, como pensamento crítico, criatividade, comunicação e trabalho em equipe. Além disso, essas metodologias são instrumentos poderosos de motivação dos estudantes.

A seguir, apresento algumas formas práticas de usá-las, que, com certeza, farão a diferença no seu dia a dia.

Utilizando realidade virtual e realidade aumentada

O uso de realidade virtual (RV) e realidade aumentada (RA) pode ser uma excelente maneira de criar ambientes engajadores para os estudantes. Mas você sabe a diferença entre elas?

De maneira resumida, podemos dizer que a RV permite ao usuário uma imersão no mundo digital, o que pode ocorrer por meio de dispositivos, como óculos especiais, que fazem o usuário ter a sensação de estar em um ambiente diferente de onde ele está de fato no momento da utilização do equipamento. Já a RA mistura o real com o virtual, mas não precisa, necessariamente, de um ambiente virtual. Ela parte de um ambiente real e adiciona a ele elementos virtuais, como câmeras e sensores de movimento, criando, assim, um novo ambiente, o da realidade aumentada.

No campo educacional, é possível utilizar as duas realidades de diversas maneiras. Destaco algumas delas:

- em aulas de História, por exemplo, pode-se usar RV para proporcionar ao estudante uma experiência imersiva em determinado período histórico. Também é possível "visitar" locais e culturas antigas, museus, ruínas e paisagens naturais, promovendo debates sobre as diferenças das culturas e dos períodos visitados;
- já em uma aula de Ciências, a RV pode levar os alunos para "passearem" pelo interior do corpo humano, aproximando-os de estruturas que geralmente são abstratas;
- ensinar Geometria não é algo fácil, mas o uso de RA pode ajudar bastante. Enquanto livros didáticos, em geral, oferecem formas em 2D, a RA permite a modelagem em 3D. Isso facilita a visualização e o entendimento de diferentes formas geométricas, ângulos e lados das figuras;
- laboratórios virtuais, que simulam ambientes reais de aprendizado, são outra aplicação interessante.

Eles são uma alternativa para o ensino de temas complexos ou perigosos sem os riscos e os custos associados. Muitos desses laboratórios são desenvolvidos por universidades e disponibilizados gratuitamente para uso;[34]

- em cursos que exigem formação prática, como Medicina e Direito, por exemplo, a RA pode ser usada para simular situações específicas, como uma cirurgia ou um julgamento. Isso minimiza a possibilidade de erros e riscos, melhorando a eficácia do aprendizado.

É importante que as ferramentas virtuais se conectem com a realidade do aluno, já que, quando ele sai do seu ambiente cotidiano e mergulha no universo da realidade virtual ou aumentada, está vivendo outra situação. A transição de volta para o ambiente real nem sempre é fácil, por isso deve ser feita de forma equilibrada; caso contrário, poderá desestimular o aluno em vez de estimulá-lo. Lembre-se: o objetivo é manter o engajamento do estudante.

Em suma, para que a realidade virtual ou aumentada seja eficiente no contexto educacional, é importante que seja: **imersiva**, ou seja, o estudante precisa sentir que realmente está vivenciando a experiência; **prática**

---

[34] ARAUJO, Y. Portal Educação Imersiva ensina métodos de aprendizagem com o uso de realidade virtual e aumentada. **Jornal da USP**, São Paulo, 27 nov. 2023. Disponível em: https://jornal.usp.br/universidade/portal-educacao-imersiva-ensina-metodos-de-aprendizagem-com-o-uso-de-realidade-virtual-e-aumentada/. Acesso em: 31 jul. 2024.

e funcional, o que significa que o aluno não precisa ter um conhecimento específico da tecnologia para utilizá-la; **significativa**, pois a experiência precisa ter um sentido e uma aplicação na vida do estudante; **adaptativa**, para que o aluno perceba que está evoluindo no próprio conhecimento; e **mensurável**, de modo que o professor consiga medir o progresso do aluno.[35]

Aplicando a gamificação

A utilização de jogos em sala de aula transforma e educação, tornando-a mais envolvente e prazerosa. Essa abordagem não só capta a atenção dos estudantes como também estimula o trabalho em equipe e a cooperação, além de desenvolver habilidades essenciais, como a resolução de problemas e o pensamento crítico.

Um excelente exemplo de como usar a gamificação em sala de aula é dado pela professora Monique D'Oliveira Mendes de Queiroz, mestra em Novas Tecnologias Digitais na Educação pela UniCarioca. Ela elaborou uma sequência didática sobre cultura indígena. Cada etapa do jogo é uma descoberta, na qual o aluno explora o conteúdo de maneira interativa, clicando para desvendar informações em cada passo.

---

[35] Adaptado de PEARSON Higher Education. 7 ideias para aplicar a realidade virtual na educação superior. **Pearson**, [s. l.], 31 maio 2022. Disponível em: https://hed.pearson.com.br/blog/7-ideias-para-aplicar-a-realidade-virtual-na-educacao-superior. Acesso em: 31 jul. 2024.

Figura 3 – Exemplo de sequência didática gamificada

Fonte: QUEIROZ, M. **UniCarioca**, 2024.
Disponível em: https://proximal.unicarioca.edu.br/portal/sd-gamificada-cultura-indigena-educacao-infantil/.

A gamificação na sala de aula abre um mundo de possibilidades para tornar o aprendizado mais dinâmico e envolvente. Ao incorporar elementos lúdicos, essa técnica consegue capturar a atenção dos alunos de maneira eficaz. O segredo é o professor estar disposto a explorar essas ferramentas de modo criativo, estabelecendo conexões significativas com a realidade dos estudantes.

Criando uma cultura maker

A cultura *maker* tem como principal pilar a criatividade, a experimentação e o aprendizado prático por meio da fabricação de objetos e do desenvolvimento de projetos. Ela se baseia nas ideias de que todo mundo é capaz de criar algo e de que o processo é mais importante do que o resultado. Com uma abordagem "mão na massa", estimula os estudantes a aprenderem fazendo.

Com o avanço das tecnologias, a cultura *maker* ganhou visibilidade e se estabeleceu como uma excelente opção de metodologia ativa. Na educação, há diversas formas de incorporá-la. Como exemplo, é possível desafiar os alunos a criarem um objeto, um programa de computador ou uma obra de arte. O importante é que eles se sintam parte da concepção e da execução do projeto. Isso não só desenvolve habilidades práticas importantes, como trabalho em equipe, comunicação e liderança, mas também torna o aprendizado ainda mais significativo e aumenta o engajamento.

E o professor nisso tudo?

Neste capítulo, falei sobre a importância do uso das metodologias ativas para o engajamento dos alunos, destacando exemplos práticos e bem-sucedidos que podem ser replicados pelos professores no cotidiano da sala de aula.

No entanto, quero deixar claro que todas essas abordagens perdem a eficácia se o professor não estiver de fato comprometido a utilizá-las em sua plenitude. Lembre-se, estimado professor: o aprendizado exige a sua participação ativa. Estamos, portanto, falando de um novo momento, em que o papel do educador vai além da mera transmissão de conteúdos para alunos passivos. Agora, o professor assume o papel de curador de conhecimentos e de mentor dos estudantes. É essa transformação de perfil docente que abordarei no próximo capítulo. Está preparado para essa mudança?

NA PRÁTICA

- Não se limite à sala de aula: leve os alunos a exposições, museus e laboratórios.
- Inclua demonstrações com realidade virtual e realidade imersiva.
- Use metodologias ativas e aplique exemplos práticos para ilustrar os conceitos aprendidos.
- Explore os quadrantes híbridos, com atividades presenciais, remotas e virtuais.

- Crie na escola ambientes estimulantes, tais como "espaços *makers*".
- Transforme a biblioteca escolar em um espaço aberto à comunidade para exploração de novos conhecimentos.
- Considere atividades práticas supervisionadas como complemento às aulas tradicionais.
- Estimule projetos comunitários, com engajamento dos estudantes com a sociedade.

CAPÍTULO 6

PRINCÍPIO 3: O PROFESSOR É O PRINCIPAL FACILITADOR DA APRENDIZAGEM

NÃO SÃO PROPRIAMENTE OS
FINS QUE SE RENOVAM, MAS OS
NOSSOS RECURSOS DE CONHECÊ-
-LOS, APROFUNDÁ-LOS
E ESCLARECÊ-LOS.

ANÍSIO TEIXEIRA[36]

---

[36] TEIXEIRA, A. **Pequena introdução à filosofia da educação:** a escola progressiva ou a transformação da escola. 5. ed. São Paulo: Cia. Editora Nacional, 1968.

DE	PARA
Modelos únicos de ensino	Modelos individualizados de aprendizagem
Ambientes tradicionais, como na era industrial	Ambientes ricos e motivadores da era digital
Professores como donos e entregadores únicos do conhecimento	Professores como mentores e curadores do conhecimento
Currículos segmentados e previsíveis	Currículos flexíveis por competências
Alunos como objetos passivos do ensino	Alunos como protagonistas das suas jornadas de aprendizagem

Com o avanço das novas tecnologias e, consequentemente, com a mudança do perfil dos estudantes, é necessário redefinir o papel do professor. Ele não é mais um mero transmissor de conhecimentos a alunos que recebem passivamente os conteúdos. O professor, hoje, deve ser um mentor, ou seja, aquela pessoa experiente e acolhedora que guia os estudantes em sua jornada de aprendizado e os orienta no desenvolvimento do pensamento crítico e na análise das informações. Além disso, ele deve auxiliar os alunos a aplicarem o conhecimento de forma significativa na vida deles. Ao desafiá-los a explorarem novas ideias e soluções, o educador acaba estimulando a autonomia e a curiosidade dos estudantes, além de uma mentalidade de aprendizado constante, que eles levarão por toda a vida.

Para Andrea Prencipe, reitor da Universidade Luiss, na Itália, o papel do professor é incentivar e deixar os alunos experimentarem. Ele ressalta que os estudantes só vão se beneficiar das novas tecnologias se forem orientados sobre como explorar as potencialidades delas.[37]

Além de mentor, o professor também precisa atuar como um curador de conhecimentos, o que significa que deve auxiliar os alunos a utilizarem as informações de forma crítica e consciente, verificando, questionando e interpretando as fontes disponíveis. Essa habilidade é essencial no mundo atual, com uma quantidade astronômica de informações circulando na internet, muitas vezes não confiáveis.

Para desempenhar esses papéis de maneira efetiva, o professor precisa não só dominar o conteúdo que está ensinando como também desenvolver habilidades interpessoais, como empatia, resiliência e capacidade de comunicação, além de competências digitais, das quais falarei no próximo item.

Competências digitais do novo professor

Quando falo em competências digitais, refiro-me ao conjunto de habilidades, conhecimentos e atitudes necessários para utilizar as tecnologias digitais de maneira responsável e eficiente. Isso inclui saber usar computadores, dispositivos móveis, softwares e aplicativos de forma estratégica, bem como buscar informações na

---

[37] Baseado em: CAMPOS, S. Jovens impulsionam reinvenção do ensino superior. **Valor econômico**, [s. l.], 14 mar. 2024. Disponível em: https://valor.globo.com/carreira/noticia/2024/03/14/jovens-impulsionam-reinvencao-do-ensino-superior.ghtml. Acesso em: 1º ago. 2024.

internet de maneira crítica e compreender conceitos básicos de segurança digital e privacidade.

 O professor atual precisa não apenas dominar as habilidades pedagógicas tradicionais, mas também as novas tecnologias, afinal o cenário educacional está em constante evolução. Saber utilizar esses recursos digitais enriquece o processo de ensino e motiva os estudantes, uma vez que estão acostumados com esses ambientes tecnológicos. Como também é papel do professor orientar os alunos quanto ao uso responsável desses recursos, ele deve compreender aspectos relacionados à segurança e à ética no mundo digital.

 Considerando esse novo cenário educacional, o Centro de Inovação para a Educação Brasileira (CIEB) aponta três competências digitais essenciais para a atuação do professor: "Análise de dados, mentalidade orientada a dados e pensamento computacional".[38] Essas competências ajudam o educador a planejar as aulas e definir os ambientes mais adequados ao contexto em que ele está inserido, além de tomar decisões mais conscientes e baseadas em dados. Para Larissa Rosa, especialista em Educação e Tecnologia do CIEB, a ciência de dados ajuda no processo de ensino e de aprendizagem ao permitir monitorar o progresso dos alunos e otimizar o tempo dos professores, além de apoiá-los na tomada de decisão.[39]

---

[38] TRÊS novas competências digitais essências para os professores nos dias de hoje. **CIEB**, São Paulo, 23 ago. 2022. Disponível em: https://cieb.net.br/tres-novas-competencias-digitais-essenciais-para-os-professores-nos-dias-de-hoje/. Acesso em: 1º ago. 2024.

[39] *Ibidem*.

Criar e implementar práticas pedagógicas inovadoras e engajadoras, apoiadas pelas Tecnologias Digitais de Informação e Comunicação (TDIC), é fundamental. Introduzir as TDIC no ensino prepara os alunos para um mundo digital em constante evolução e os capacita a usar a tecnologia de maneira crítica e consciente. Os professores são peças-chave nesse processo, pois criam ambientes que favorecem a curiosidade, a colaboração e a experimentação, de modo a aproveitar ao máximo o potencial das novas tecnologias.

> *Ser capaz de estruturar e implementar práticas pedagógicas apoiadas pelas Tecnologias Digitais de Informação e Comunicação (TDIC), de modo inovador e motivador e que resulte no engajamento e na aprendizagem dos estudantes, é uma das ações centrais para o desenvolvimento da educação brasileira. O uso de tecnologias deve ser parte do processo de ensino e aprendizagem.*[40]

Outras competências digitais que julgo importantes:

- **conhecimento em segurança digital:** é muito importante conhecer como proteger dados pessoais,

---

[40] ABMES. **O professor que queremos**: fatores de qualidade na formação inicial docente. ABMES, Brasília, 2022, p. 25. Disponível em: https://abmes.org.br/arquivos/publicacoes/OProfessorQueQueremos.pdf. Acesso em: 18 ago. 2024.

usar senhas de acesso corretamente, prevenir e identificar comportamentos suspeitos e golpes digitais, entre outros;
- **capacidade de analisar as informações disponíveis na internet:** é essencial saber identificar fake news, discursos de ódio e outras informações que podem colocar em risco a vida das pessoas, promovendo o senso crítico nos alunos;
- **saber utilizar a inovação como ferramenta para o desenvolvimento de aulas atraentes:** para engajar os alunos, é importante que o professor saiba usar as ferramentas e os conteúdos disponíveis de maneira inovadora e que "converse" com a realidade atual dos estudantes.

Também é vital o professor ter consciência das competências e habilidades dos alunos com os quais pretende trabalhar em sala de aula, utilizando tecnologias de acordo com o contexto e os recursos disponíveis, escolhendo as ferramentas adequadas e definindo os objetivos de aprendizagem.[41]

Inteligência Artificial como apoio ao professor

A IA pode ser uma ferramenta poderosa para os professores. Uma pesquisa da consultoria McKinsey, realizada

---
[41] *Ibidem.*

com dois mil professores de países como Canadá, Estados Unidos, Singapura e Reino Unido, mostrou que 20% a 40% das horas-aula dos professores são gastas em atividades que poderiam ser automatizadas usando tecnologias, especialmente no planejamento e na preparação de aulas.[42] Esse tempo poderia ser reduzido para seis horas com o uso de tecnologia, tornando o tempo de preparação mais eficiente e permitindo aos professores desenvolverem planos de aula e abordagens ainda melhores.[43]

Mas como o professor pode utilizar a IA na elaboração de planos de aula? Existem inúmeras ferramentas, como assistentes virtuais e plataformas de aprendizado adaptativo, que auxiliam os educadores nessa tarefa. Essas ferramentas não só personalizam o ensino como também identificam as lacunas que precisam de atenção especial.

As vantagens de usar IA na elaboração dos planos de aula incluem:

- **análise de dados para personalização do ensino:** a IA pode analisar o desempenho dos estudantes em avaliações e identificar padrões, permitindo adaptar o ensino às necessidades de cada aluno;

---

[42] Baseado em: INTELIGÊNCIA Artificial na Educação: conheça os efeitos dessa tecnologia no ensino e na aprendizagem. **Observatório de Educação**, Rio de Janeiro, c2024. Disponível em: https://observatoriodeducacao.institutounibanco.org.br/em-debate/inteligencia-artificial-na-educacao. Acesso em: 1º ago. 2024.

[43] *Ibidem.*

- **criação de conteúdos personalizados:** com base nos estilos de aprendizagem dos alunos, a IA pode ajudar na criação de materiais personalizados, como exercícios, atividades extras, avaliações direcionadas, dentre outros;
- **análise preditiva:** a IA permite identificar eventuais dificuldades de aprendizado, sugerindo abordagens que evitem a ocorrência de novas dificuldades;

O professor pode (e deve) escolher as ferramentas de IA que melhor se adaptam à sua realidade e à dos alunos. O que não pode (nem deve) é ignorar a economia de tempo proporcionada pela tecnologia, bem como a possibilidade de personalização de conteúdo e ensino. As tecnologias de IA, com certeza, vieram para ficar.

Neste capítulo, falei sobre a importância do professor como um facilitador da aprendizagem e de como a IA pode auxiliar no papel de mentor e de curador desempenhado pelos educadores. No entanto, o professor não pode perder de vista que todo esse processo só fará sentido se os currículos acompanharem essas inovações, sendo mais engajadores e preparando os alunos para a vida. É sobre isso que falaremos no próximo capítulo.

NA PRÁTICA

- Adote a IA para melhorar a sua produtividade.
- Crie planos de aula interessantes usando o ChatGPT.
- Busque exemplos atuais sobre o assunto a ser ensinado.
- Ofereça referências complementares às aulas permitindo que o aluno explore o conhecimento além da sala de aula.
- Experimente criar conteúdos didáticos nas redes sociais.
- Estimule a curiosidade dos alunos, seja um mentor da jornada de novos conhecimentos.
- Crie sua rede social para engajar os alunos. Atualize-se, nunca pare de aprender.

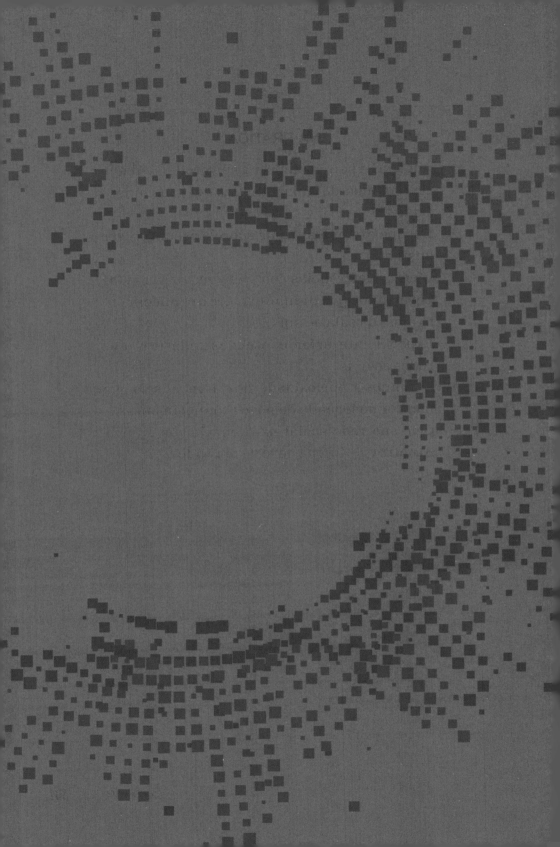

CAPÍTULO 7

PRINCÍPIO 4: A APRENDIZAGEM ESTÁ CENTRADA EM CURRÍCULOS FLEXÍVEIS ORGANIZADOS POR COMPETÊNCIAS

NÃO PODEMOS PREPARAR OS ESTUDANTES PARA O MUNDO DE AMANHÃ COM MÉTODOS DE ONTEM.

JOHN DEWEY[44]

---

[44] Frase atribuída ao filósofo, psicólogo e educador norte-americano John Dewey (1859-1952), que contribuiu significativamente para a educação e para a pedagogia moderna.

DE	PARA
Modelos únicos de ensino	Modelos individualizados de aprendizagem
Ambientes tradicionais, como na era industrial	Ambientes ricos e motivadores da era digital
Professores como donos e entregadores únicos do conhecimento	Professores como mentores e curadores do conhecimento
Currículos segmentados e previsíveis	Currículos flexíveis por competências
Alunos como objetos passivos do ensino	Alunos como protagonistas das suas jornadas de aprendizagem

Um dos principais desafios das instituições de ensino atualmente é oferecer um currículo inovador e que, ao mesmo tempo, engaje e prepare o estudante para o mercado de trabalho e para a vida. Assim, é essencial que esses currículos ajudem a desenvolver não apenas habilidades técnicas, mas também socioemocionais, já tratadas em capítulos anteriores.

No Capítulo 2, discutimos como o jovem de hoje almeja uma formação que atenda às suas demandas, principalmente as relacionadas à carreira. Ele quer empreender, quer entrar quanto antes no mercado de trabalho, mas sente que as instituições de ensino não o preparam para esses desafios. Uma maneira de preencher essa lacuna é inserir conteúdos e disciplinas voltados para o empreendedorismo.

E cabe às instituições de ensino o desenho de currículos que tragam o mundo do trabalho para as aulas, o que envolve oferecer o conhecimento necessário e criar oportunidades para que o aluno se desenvolva. E isso pode ser feito de várias formas. Falaremos de algumas neste capítulo.

Certificação profissional

O Modelo Tech,[45] adotado pela UniCarioca desde o início de 2024, é um excelente exemplo de como combinar teoria e prática em um currículo multidisciplinar. Esse programa permite que os estudantes escolham trilhas de aprendizagem e obtenham certificações profissionais intermediárias. Quero focar a certificação profissional, já que falarei sobre as trilhas de aprendizagem com mais detalhes no Capítulo 8.

Sabemos que, para o estudante que está iniciando sua formação, é muito difícil conseguir um emprego sem experiência anterior. Mais difícil ainda é conseguir um trabalho que exige algum tipo de certificação ou curso extra, principalmente em áreas relacionadas à tecnologia.

Foi pensando nisso que a UniCarioca criou esse programa. Assim, enquanto o aluno cursa a graduação, vai obtendo certificados profissionais das trilhas de aprendizagem que escolher. Ele não precisa esperar o término do curso para obter uma certificação na área ou pagar cursos extras para ter as competências necessárias para o mercado de trabalho. Isso é particularmente vantajoso para quem deseja entrar com rapidez no mercado de trabalho, mas enfrenta a barreira da falta de experiência ou de qualificações específicas.

---

[45] Para saber mais, acesse: https://unicarioca.edu.br/acontece/noticias/vagas-na-area-de-tecnologia-como-se-qualificar. Acesso em: 2 ago. 2024.

Parcerias com empresas

Outra maneira inovadora de estimular a inserção do estudante no mercado de trabalho é por meio de parcerias com empresas, que podem ser feitas de várias maneiras, como:

- programas de estágios e de trainee, que possibilitam a aquisição de experiências práticas e a oportunidade de crescimento nas empresas;
- palestras e workshops com profissionais de diversas áreas, em que trabalhadores experientes podem falar da vivência em suas áreas de atuação, servindo como mentores para os estudantes;
- projetos de pesquisa e de desenvolvimento, em que os estudantes podem trabalhar com problemas reais das empresas, aplicando seus conhecimentos na prática;
- realização de feiras de carreiras, que facilitam o networking e o contato dos alunos com possíveis empregadores;
- criação de incubadoras e aceleradoras de crescimento em parceria com empresas, para estimular o empreendedorismo entre os jovens e garantir a aplicação prática dos conhecimentos adquiridos;
- atuação em projetos de impacto social, o que requer o envolvimento dos estudantes e permite a aplicação dos conhecimentos adquiridos, além de fazer a diferença para a sociedade.

David Garza, reitor da Universidade Tecnológica de Monterrey, no México, destaca o projeto Tec 21, que estimula o empreendedorismo entre os jovens com um currículo específico: a metade dele é formado por desafios práticos, criados em parceria com empresas e outras instituições da comunidade e governo. "Não são estágios, eles trabalham, são avaliados e recebem notas da escola", diz o reitor.[46] Outra inovação destacada por Garza foi a montagem de uma grade flexível para o currículo, baseada em competências. "O aluno não tem definido no primeiro dia de aula tudo o que vai estudar nos próximos quatro anos. Disciplinas podem ser acrescentadas. Um aluno de engenharia química, por exemplo, pode querer diversificar seu aprendizado e estudar finanças", explica.[47]

Note que estamos falando de soluções acessíveis, que requerem alguma mudança estrutural nos currículos, mas que, no fim, farão toda a diferença na vida dos estudantes, que terão um ciclo acadêmico muito mais prático e alinhado com as tendências atuais do mercado de trabalho.

Uso da Inteligência Artificial na inovação dos currículos

As instituições de ensino têm a oportunidade de revolucionar seus currículos ao usarem a IA, adaptando

---

[46] CAMPOS, S. Jovens impulsionam reinvenção do ensino superior. **Valor econômico**, [s. l.], 14 mar. 2024. Disponível em: https://valor.globo.com/carreira/noticia/2024/03/14/jovens-impulsionam-reinvencao-do-ensino-superior.ghtml. Acesso em: 2 ago. 2024.

[47] *Ibidem*.

as experiências de aprendizagem de acordo com as necessidades dos alunos. Diversas estratégias podem ser implementadas para alcançar esse objetivo, como a introdução de cursos e módulos específicos sobre IA, aprendizado de máquina, ciência de dados e, em especial, ética — fundamental para assegurar que a tecnologia seja usada com responsabilidade.

A área de IA é nova e, como tal, ainda suscita questões controversas, como a possibilidade de perpetuação de desigualdades e discriminações por meio dos algoritmos. Assim, é importante garantir que a implementação da IA nas instituições de ensino não apenas ofereça conhecimento técnico, mas também prepare os alunos para enfrentarem as implicações éticas e morais associadas a essa tecnologia.

Em suma, ao inovar os currículos por meio da IA, as instituições de ensino personalizam a educação ao mesmo tempo que incentivam uma reflexão crítica sobre os impactos éticos dessa poderosa ferramenta.

Curricularização da extensão

Outro modelo adotado pela UniCarioca com o objetivo de oferecer currículos mais inovadores para os alunos é a curricularização da extensão, que incorpora atividades de extensão universitária ao currículo acadêmico. Essa abordagem destina 10% da carga horária dos cursos de graduação a projetos de extensão. Vale lembrar que o objetivo da extensão curricular é propiciar aos estudantes um aprendizado que vá além dos muros da universidade, pois é na vida profissional que encontrarão os maiores desafios.

O principal objetivo dessa estratégia é conectar ensino, pesquisa e extensão, promovendo uma formação mais abrangente e voltada para a realidade profissional. Os alunos desenvolvem os próprios projetos, tornando a aprendizagem mais significativa e permitindo a conexão com situações do dia a dia deles.

Esse modelo pedagógico incentiva a colaboração direta entre a universidade e a comunidade por meio de projetos práticos, como os Núcleos de Prática Jurídica (NPJ), muito comuns em cursos de Direito. Nesses núcleos, os alunos aplicam seus conhecimentos teóricos em situações reais, oferecendo assistência jurídica gratuita à população. Esse modelo beneficia tanto a comunidade, que tem acesso a serviços úteis, quanto os alunos, que ganham experiência prática e desenvolvem habilidades profissionais.

A curricularização da extensão oferece uma série de benefícios, como a oportunidade de resolver problemas reais, o que favorece o desenvolvimento do pensamento crítico e o trabalho em equipe. Além disso, a interação com a comunidade e com empresas e instituições promove uma formação cidadã e consciente.

Ao incluir atividades de extensão no currículo, as instituições de ensino superior criam um elo entre conhecimento teórico e experiência prática, fundamental para a formação de profissionais mais completos e preparados para os desafios do mundo contemporâneo. Essa integração também enriquece o ambiente de ensino, tornando-o mais dinâmico e diversificado.

E os estudantes nisso tudo?

Neste capítulo, apresentei algumas iniciativas que podem facilitar a inovação dos currículos, bem como torná-los mais práticos e adequados à realidade dos alunos. No entanto, não podemos perder de vista que o aluno precisa ser protagonista de sua jornada, escolhendo as trilhas de aprendizagem que façam sentido e que o auxiliem a exercitar o que de fato faz sentido para ele. E como podemos valorizar as escolhas e a jornada do estudante em um mundo que oferece tantas possibilidades e requer preparo para ser desbravado? É sobre isso que falaremos no próximo capítulo.

NA PRÁTICA

- Repense os currículos da escola, aliando competências e conhecimentos, pois teoria e prática devem ser trabalhadas de maneira integrada.
- Associe o "saber" ao "saber fazer". Incorpore habilidades socioemocionais nos currículos, com temas como "autoconhecimento",

"liderança de equipes", "criatividade" e "empreendedorismo".
- Faça parcerias com empresas, traga o mundo do trabalho para dentro da escola.

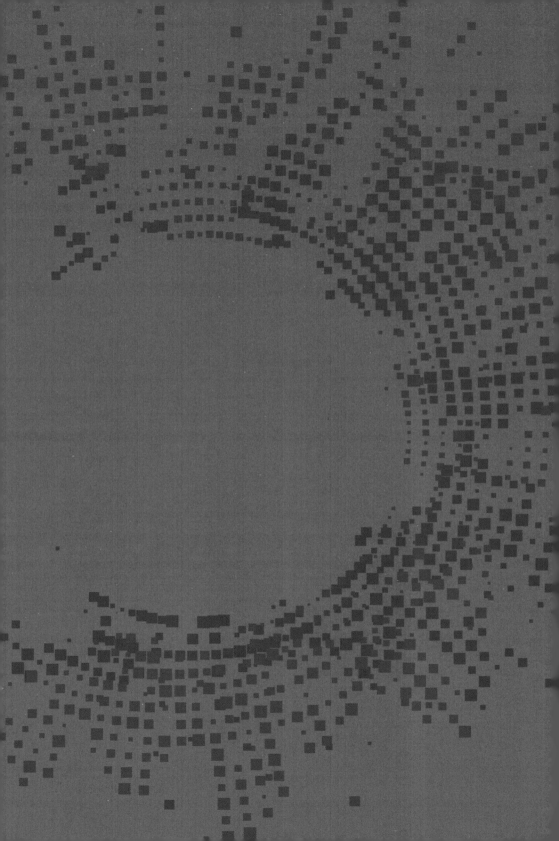

CAPÍTULO 8

PRINCÍPIO 5: O ALUNO É O PROTAGONISTA DA SUA JORNADA DE APRENDIZAGEM

ENSINAR NÃO É TRANSFERIR
CONHECIMENTO, MAS CRIAR
AS POSSIBILIDADES PARA
A PRÓPRIA PRODUÇÃO OU
A SUA CONSTRUÇÃO.

PAULO FREIRE[48]

---

[48] FREIRE, P. **Pedagogia da autonomia**: saberes necessários à prática educativa. São Paulo: Paz e Terra, 1996. p. 25.

DE	PARA
Modelos únicos de ensino	Modelos individualizados de aprendizagem
Ambientes tradicionais, como na era industrial.	Ambientes ricos e motivadores da era digital
Professores como donos e entregadores únicos do conhecimento	Professores como mentores e curadores do conhecimento
Currículos segmentados e previsíveis	Currículos flexíveis por competências
Alunos como objetos passivos do ensino	Alunos como protagonistas das suas jornadas de aprendizagem

Até aqui, falei de maneira detalhada sobre elementos essenciais que constituem a base da educação: a importância de um ambiente adequado e estimulante para os estudantes, a necessidade de um currículo bem estruturado e engajador, e o papel fundamental dos professores como mentores de seus alunos. Neste capítulo, quero abordar o último pilar dos princípios que regem uma educação mais inteligente, completando, assim, um ciclo de boas práticas que farão toda a diferença no ambiente educacional.

Expliquei, anteriormente, que cada aluno é único e tem a própria maneira de aprender. Também mostrei que um aprendizado bem-sucedido depende de fatores como: ambientes que motivem os alunos; professores motivados e conscientes do seu papel de facilitadores da aprendizagem; e currículos inovadores, que promovam nos alunos o desenvolvimento de habilidades importantes para o futuro.

Note que falei de estratégias, ferramentas e atores que, juntos, propiciarão uma jornada de aprendizado em que o aluno é o protagonista — tema deste capítulo, aliás.

Quando falo de jornada protagonista, refiro-me ao processo de ensino-aprendizagem em que o aluno percorre um currículo inovador, em um ambiente rico, com um professor facilitador e mentor nesse processo. A jornada é o objetivo que se pretende atingir, por meio de todos os instrumentos citados, mas sempre pensando no estudante com autonomia e capacidade de escolher o próprio caminho, dentro das possibilidades oferecidas pelo sistema educacional.

Temos de pensar na jornada como o elo que vai unir aluno, professor, ambiente e currículo. E, para que essa combinação funcione, é importante considerar o aluno responsável por suas escolhas e um eterno aprendiz, já que a jornada de aprendizagem não deve se encerrar nunca.

Mas como podemos pensar em uma jornada protagonista que realmente funcione? Explico melhor nas próximas seções.

A importância da jornada protagonista

Vivemos em um mundo em constante transformação, o que requer uma postura diferenciada e uma mentalidade de crescimento, em que habilidades e competências sempre podem ser desenvolvidas por meio de boas escolhas e muita resiliência. Nesse ambiente dinâmico, o estudante precisa ter liberdade para escolher o próprio caminho. Assumindo um papel ativo em sua aprendizagem, o aluno consegue definir os próximos passos de sua jornada, escolhendo o que realmente faz sentido para sua vida. É importante ressaltar que protagonismo não é algo que se alcança sozinho. É uma série de processos de ensino e metodologias propiciados pela escola e facilitados pelo professor.

A ideia de um aluno passivo, que apenas recebe as informações, já está ultrapassada. Hoje, ele quer e deve participar ativamente de sua jornada de aprendizagem. Podemos comparar essa jornada a uma viagem, em que o estudante é o viajante, o professor é o guia e o currículo é um mapa de determinada localidade, representada pelo ambiente educacional.

Mas do que o aluno precisa para se tornar o protagonista da própria aprendizagem? Primeiro, é importante adotar uma mentalidade de crescimento, acreditando que habilidades e competências, com esforço e prática, podem ser aprimoradas. Essa mentalidade auxilia o estudante a se sentir capacitado para enfrentar desafios, aprender com os próprios erros e persistir em seus objetivos.

A liberdade de escolha é fundamental nesse processo. Se cada aluno tem interesses, talentos e objetivos únicos, é importante que a educação reflita essa diversidade. Escolher disciplinas e trilhas de aprendizagem alinhadas aos seus interesses, participar de projetos e atividades extracurriculares que despertem seus interesses e buscar oportunidades profissionais que têm relação com seus objetivos são excelentes maneiras de exercer essa liberdade. Ser protagonista da própria jornada também requer planejamento e responsabilidade. Assim, o estudante deve ser capaz de definir metas claras e realistas para sua vida futura. Isso acaba sendo um aprendizado para ele, já que o processo de escolha do caminho a trilhar também é uma forma de amadurecimento.

Um bom exemplo de valorização da jornada do estudante é visto na UniCarioca,[49] que oferece diversas trilhas educacionais que podem ser personalizadas. O estudante escolhe sua jornada por meio de programas específicos, como bolsa de iniciação científica, mentorias e atividades práticas, o que garante, mesmo dentro de um mesmo curso, que as jornadas de aprendizagem sejam únicas e adaptadas às necessidades de cada aluno.

Outro exemplo de flexibilização da aprendizagem é o curso de Pedagogia da UniCarioca, que possibilita ao estudante escolher entre ser professor, gestor escolar ou até mesmo atuar em empresas, em cursos e treinamentos *in company*. Assim, ao iniciar o curso, ele consegue definir por meio de trilhas de aprendizagem personalizadas qual caminho o levará à área de atuação escolhida, tornando o aprendizado mais prático e autônomo.

Ser protagonista da própria jornada envolve uma combinação de mentalidade de crescimento, liberdade de escolha, responsabilidade, apoio institucional e

---

[49] Mais informações podem ser obtidas em: https://unicarioca.edu.br/. Acesso em: 2 ago. 2024.

compromisso com a aprendizagem contínua. Com essas ferramentas, o aluno pode construir um caminho único e significativo, rumo ao sucesso.

Como equilibrar esforço e estresse para uma jornada bem-sucedida

Abordei, anteriormente, a importância da mentalidade de crescimento para uma aprendizagem ao longo da vida. Para David Yeager, professor de psicologia da Universidade do Texas, pessoas de qualquer idade podem melhorar seu desempenho adotando essa mentalidade. David acredita no papel do professor como um mentor, um guia que influenciará profundamente a jornada de aprendizagem do estudante. E, como um bom mentor, é importante que o educador estabeleça expectativas altas, mas alcançáveis, para os estudantes, criando um ambiente propício ao crescimento contínuo.[50]

Quando desafiado a atingir seu potencial máximo, o aluno se sente motivado a alcançar novos patamares de crescimento. É essencial, no entanto, que as expectativas sejam equilibradas com o apoio e a orientação necessários, evitando, assim, que o estudante se sinta sobrecarregado ou desmotivado.

---

[50] HUBERMAN LAB: Dr. David Yeager: How to Master Growth Mindset to Improve Performance. [Locução de:] Andrew Huberman. Entrevistado: David Yeager. *[s.l]*: Huberman Lab, 3 maio 2024. Podcast. Disponível em: www.youtube.com/watch?v=etEJrznE-cO&t=32s. Acesso em: 2 ago. 2024.

Ao focar o alcance do potencial máximo, é vital também estimular o esforço, mas sem deixar de lado o acolhimento. O esforço, ou estresse, pode ser benéfico e atuar como um catalisador para o aprendizado. É necessário encontrar o ponto ótimo do estresse, em que a pressão seja suficiente para motivar e engajar o aluno sem causar ansiedade ou desmotivá-lo. Esse equilíbrio pode ser comparado à tensão ideal de uma corda de violão: se muito frouxa, o som é dissonante; se muito esticada, a corda pode arrebentar. O ideal é que a tensão seja ajustada para produzir o som desejado. Da mesma forma, no aprendizado, a combinação de desafios e superação de obstáculos com um ambiente acolhedor e motivador permite que o estudante se desenvolva, adquirindo novas habilidades para enfrentar novas situações. No Gráfico 1, a seguir, há um resumo de como deve ser o equilíbrio entre performance e estresse:

Gráfico 1 – Desempenho conforme o grau de estresse

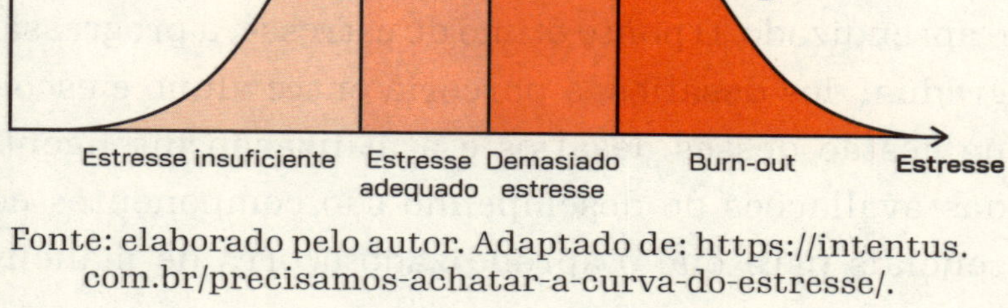

Fonte: elaborado pelo autor. Adaptado de: https://intentus.com.br/precisamos-achatar-a-curva-do-estresse/.

À medida que avançam em seus estudos, os alunos enfrentam desafios crescentes. Cada novo nível de aprendizado traz obstáculos diferentes, que exigem habilidades e conhecimentos distintos. Essa progressão deve ser gradual, permitindo aos alunos se adaptarem e crescerem a cada nova experiência. Estabelecer expectativas que gerem um estresse positivo pode ser uma excelente ferramenta de aprendizagem, mas é preciso que professores e alunos estejam atentos aos sinais de sobrecarga e ajustem as demandas acadêmicas de acordo com as necessidades e os ritmos de aprendizagem.

As avaliações, muitas vezes vistas como inibidoras do aprendizado, podem ser ferramentas valiosas se utilizadas corretamente. Em vez de funcionarem como barreiras, podem servir como estímulos que incentivam o desenvolvimento gradual. Quando fornecem feedback contínuo e levam em conta o progresso já realizado, são essenciais para manter o equilíbrio entre esforço e acolhimento. Além disso, é fundamental que se crie um ambiente de orientação e de suporte, já que é importante que os estudantes sintam que podem contar com os professores.

Em síntese, o equilíbrio entre esforço e acolhimento envolve administrar o estresse de forma a otimizar o aprendizado. O ponto ótimo do estresse, a progressão gradual dos desafios, a parceria entre aluno e escola na gestão desses desafios e a utilização inteligente das avaliações de desempenho são componentes essenciais para que o aprendizado ocorra de maneira satisfatória. Quando esses fatores estão em harmonia, o aluno não só aprende, mas também desenvolve resiliência e confiança em si mesmo, o que o capacita para ser um aprendiz por toda a vida.

Como prever a evasão escolar?

Ao tratar da jornada protagonista do aluno, é importante que se fale das causas da evasão escolar e como evitá-la, afinal um aluno motivado não tem motivos para evadir, assim como um aluno desmotivado tem mais chance de desistir dos estudos. A Inteligência Artificial pode ser uma ferramenta valiosa para prever e, consequentemente, reduzir as chances de um aluno evadir por meio de análises de dados.

A pesquisadora Giovana Niskier Saadia[51] aborda como o uso da aprendizagem de máquina pode prever a evasão escolar. Algoritmos que processam informações demográficas, acadêmicas e comportamentais dos alunos podem ajudar as instituições de ensino a identificarem aqueles que correm risco de abandonar os cursos — por exemplo, alguns padrões relacionados à evasão são: baixo resultado em avaliações, alto índice de absenteísmo e falta de participação em atividades extras. Essa análise preditiva possibilita às escolas e universidades adotarem medidas preventivas, como intervenções personalizadas e programas de apoio,

---

[51] SAADIA, G. N. *op. cit.*

aumentando assim a retenção de estudantes e otimizando a gestão educacional.

Acompanhar de perto a jornada do aluno e orientá-lo de maneira personalizada, para que ele consiga fazer escolhas alinhadas com seus objetivos e interesses, são ações essenciais para garantir o sucesso acadêmico e pessoal desse estudante.

A jornada de aprendizagem nunca acaba

A jornada de aprendizagem não acaba quando terminamos o ensino médio, uma graduação, uma pós-graduação ou um curso livre. Somos capazes de absorver novos conhecimentos e habilidades enquanto estivermos saudáveis e dispostos. Cada experiência, cada desafio pode ser uma oportunidade de aprender algo novo.

Existe um termo para essa habilidade de adaptação e de aprendizagem constante: trata-se da neuroplasticidade, que é a capacidade do cérebro de se reorganizar, de formar novas conexões neuronais, adaptando-se a diferentes informações, experiências e mudanças no ambiente. Esse fenômeno permite que o cérebro se recupere de lesões, por exemplo.

Como explica o professor Octávio Pontes Neto, chefe do Serviço de Neurologia Vascular e Emergências Neurológicas do Hospital das Clínicas (Faculdade de Medicina de Ribeirão Preto, USP), com o passar do tempo, a estimulação cerebral resulta no fortalecimento de determinadas vias e conexões. Além disso, algumas áreas da estrutura cerebral se alteram conforme são utilizadas. Isso acontece porque priorizamos algumas atividades específicas.[52]

Ou seja, nada melhor para manter o cérebro ativo do que estabelecer novas conexões neuronais, e isso se faz com estímulo e aprendizagem constantes. "Quando você aprende uma língua, uma regra nova, grava novas informações, tudo isso é feito através de neuroplasticidade",[53] explica Raphael Spera, médico do setor de Saúde Suplementar da Divisão de Clínica Neurológica do Hospital das Clínicas da Faculdade de Medicina da USP. O médico ressalta que o hipocampo, região cerebral responsável pela fixação de novas informações, tem notável capacidade de se adaptar. Apesar de ser uma estrutura mais básica e primitiva, tem particularmente grande capacidade de se transformar.[54]

No caso dos educadores, é fundamental que estejam sempre se atualizando, compreendendo a importância de manterem essa atitude por toda a vida. Dentre as

---

[52] ESTANISLAU, J. Cérebro tem a capacidade de se reconfigurar e ser treinado para melhores resultados. **Jornal da USP**, 19 maio 2023. Disponível em: https://jornal.usp.br/radio-usp/cerebro-tem-capacidade-de-se-reconfigurar-e-ser-treinado-para-melhores-resultados/. Acesso em: 4 ago. 2024.

[53] *Ibidem.*

[54] *Ibidem.*

principais motivações para os professores buscarem o conhecimento continuamente, destaco:

- **adaptação às novas tecnologias e metodologias:** com o avanço tecnológico e as novas abordagens de ensino, é essencial os professores se atualizarem. Isso não só torna as aulas mais interessantes como também ajuda a motivar e engajar os alunos;
- **melhoria da qualidade de ensino:** professores que se mantêm atualizados com as últimas práticas e pesquisas pedagógicas têm condições de oferecer um ensino mais relevante e alinhado com as boas práticas, o que é benéfico para a sociedade;
- **desenvolvimento profissional:** a formação continuada contribui diretamente para o crescimento na carreira e para o amadurecimento profissional do professor. Por meio de cursos, especializações e atividades extras, é possível abrir portas para novas oportunidades em cargos de liderança em diversas áreas da educação;
- **estímulo à inovação e à criatividade:** professores que buscam o aprendizado contínuo são mais abertos a novas ideias e estratégias, o que torna suas aulas mais interessantes e dinâmicas;
- **estímulo à motivação e ao engajamento:** professores que investem em novos aprendizados são mais propensos a serem motivados e engajados em sua profissão. A paixão pelo ensino

acaba sendo contagiante, o que inspira os alunos a também serem mais engajados.

Um exemplo de iniciativa bem-sucedida de formação continuada para professores é a plataforma Proximal, da UniCarioca.[55] Esse portal de ensino, desenvolvido a partir de um projeto de pesquisa de mestrado, foi criado para armazenar, preservar e disseminar a produção acadêmica. Seu objetivo é integrar objetos digitais ao ambiente educacional, proporcionando um espaço em que professores e alunos podem acessar gratuitamente diversos recursos digitais. A principal meta da Proximal é democratizar o acesso às novas tecnologias digitais, permitindo que professores utilizem os recursos disponíveis para enriquecer suas práticas pedagógicas, estabelecendo novas formas de interação em sala de aula.

A aprendizagem contínua é fundamental para alunos, professores e todos os que buscam uma jornada mais rica e significativa. Conhecida em inglês como *lifelong learning*, ou aprendizado ao longo da vida, essa abordagem enfatiza que a educação e o desenvolvimento de habilidades não devem se limitar ao período escolar ou universitário, mas continuar a vida toda. Essa perspectiva valoriza a atualização constante, a adaptação às mudanças e o crescimento pessoal e profissional contínuo.

---

[55] PROXIMAL. Seja bem-vindo à Proximal: A plataforma educacional do Programa Profissional em Novas Tecnologias Digitais na Educação. **UniCarioca**, 2024. Disponível em: https://proximal.unicarioca.edu.br/. Acesso em: 5 ago. 2024.

Ao se manterem em constante aprendizado, os estudantes conseguem traçar uma jornada de aprendizado que será fundamental para seu crescimento pessoal e profissional. Já os professores, ao se manterem atualizados, podem oferecer experiências educacionais enriquecedoras para os alunos, além de estarem preparados para atuar de maneira direta em uma sociedade em constante evolução.

Em suma, é essencial reconhecer que a aprendizagem é um processo permanente. O protagonismo na educação não termina com a conclusão de um ciclo educacional; ao contrário, deve continuar ao longo de toda a vida. Buscar novos conhecimentos, novas habilidades e novas experiências após a conclusão formal dos estudos é fundamental para ser protagonista na própria jornada de aprendizagem e crescimento.

No entanto, ressalto que a aprendizagem contínua requer coragem, responsabilidade e, acima de tudo, flexibilidade para aprender e mudar paradigmas que hoje não servem mais. No próximo capítulo, explicarei como a resistência dos educadores pode ser quebrada para dar lugar a novas perspectivas e novos aprendizados significativos.

NA PRÁTICA

- Crie trilhas diversas de aprendizagem para o aluno.

- Valorize a independência do aluno na escolha de seu caminho de aprendizagem.
- Utilize ferramentas de IA para prever preferências individuais.
- Acompanhe a evasão, acolhendo e antecipando as dores do aluno.
- Ofereça na sua instituição oportunidades de aprendizagem para a vida toda.

CAPÍTULO 9

VENCENDO AS RESISTÊNCIAS

A MAIOR DESCOBERTA DA MINHA VIDA É QUE UM SER HUMANO PODE ALTERAR SUA VIDA MUDANDO A ATITUDE MENTAL.

WILLIAM JAMES[56]

---

[56] Frase atribuída ao psicólogo norte-americano William James (1842-1910), que enfatizou a importância das atitudes e crenças na formação da experiência humana e no impacto sobre a vida cotidiana.

Discutimos, ao longo deste livro, como tornar o ambiente educacional dinâmico e inovador, enfatizando a importância ativa do professor em debates sobre metodologias e tecnologias. Isso os faz se sentirem valorizados e motivados a contribuir com suas ideias e experiências, criando uma base sólida para a implementação de mudanças significativas.

Estar aberto à experimentação e ao conhecimento de novas tecnologias é fundamental para a participação ativa do professor. Nem toda inovação será adequada para determinado contexto, mas é importante que haja flexibilidade para testar diferentes ferramentas e abordagens, descartando aquelas que não se mostram eficazes. Essa postura de experimentação constante promove a criatividade e a inovação, elementos essenciais para o avanço da educação, e garante que as melhores práticas sejam adotadas, otimizando os resultados.

Tenho consciência das dificuldades que os educadores enfrentam, mas também sei que muitas delas podem ser superadas quebrando certas crenças limitantes que afetam o dia a dia dos professores. Como educador, busco ser o mentor que tanto citei, trazendo esperança, mas também convidando você, professor, a refletir sobre as crenças que estão limitando seu poder de ação e como elas podem ser transformadas em uma mentalidade de crescimento.

A seguir, quero falar das principais crenças limitantes que configuram uma resistência à mudança para uma educação mais inteligente e como superá-las. Antes disso, proponho um teste rápido para que você avalie sua percepção sobre si mesmo e sobre o cenário educacional em sua totalidade.

	Concordo totalmente	Concordo parcialmente	Discordo parcialmente	Discordo totalmente
Gosto de utilizar recursos tecnológicos em minhas aulas.				
Acredito que o meu papel como professor está mudando.				
Acredito que perderei o controle da turma se der muita autonomia aos alunos.				

Não vejo necessidade de mudar o plano de ensino que utilizo há anos.				
Minha formação foi suficiente para eu desempenhar meu papel como professor com qualidade.				
Acredito que preciso de incentivos salariais para investir em minha carreira.				
Não participo das decisões da gestão da minha escola.				
Acredito que a sala de aula é um lugar inviolável, sagrado.				

Pontuação:

Concordo totalmente – 4 pontos.
Concordo parcialmente – 3 pontos.
Discordo parcialmente – 2 pontos.
Discordo totalmente – 1 ponto.

- De 8 a 12 pontos: você é uma pessoa que resiste às mudanças e precisa vencer suas crenças limitantes.
- De 13 a 17 pontos: você está preparado para mudar, mas precisa de um impulso de conscientização e autorreflexão. Este livro pode ajudá-lo.
- De 18 a 22 pontos: você quer mudar; experimente e construa iniciativas que o habilitem a ir em frente e ficar mais confortável com as mudanças.
- De 23 a 32 pontos: você já está convencido da necessidade de mudar e pode se tornar um líder incentivador em sua escola ou universidade.

Não vou conseguir lidar com as novas tecnologias

A tecnologia se transformou em uma extensão natural da vida. Para onde quer que olhemos, encontramos exemplos de como ela permeia e facilita o dia a dia, seja pelo uso de smartphones, que nos conectam instantaneamente ao mundo, ou de computadores, que nos permitem realizar tarefas complexas com um simples clique. No cenário em que estamos imersos, a tecnologia está em constante evolução e simplifica cada vez mais a vida. Basta pensar nas tarefas diárias que podemos realizar com uma simplicidade inimaginável anteriormente: pedir delivery, chamar um transporte, organizar a agenda, tudo na palma da mão. Este é o poder da tecnologia: estar presente, facilitando nossas ações cotidianas de forma quase invisível, mas extremamente eficiente.

Os dispositivos modernos são projetados para serem amigáveis e fáceis de usar, o que reduz a curva de aprendizado e permite que qualquer pessoa, independentemente de familiaridade prévia, tire proveito de suas funcionalidades. Com interfaces cada vez mais acessíveis e assistentes virtuais prontos para ajudar, a tecnologia elimina barreiras e abre portas para um universo de possibilidades. Todos esses avanços não são apenas ferramentas, mas indicadores de uma nova forma de nos conectarmos com o mundo ao redor.

Diante dessa onipresença, surge uma pergunta inevitável: se a tecnologia já conquistou grande parte dos aspectos da nossa vida, por que deveria ser diferente na sala de aula? O ambiente educacional é um dos mais importantes para o desenvolvimento humano, e a integração tecnológica nesse ambiente pode transformar radicalmente a forma como aprendemos e ensinamos.

Como mencionei no Capítulo 5, há uma série de ferramentas que ajudam a tornar o ambiente educacional tecnológico e motivador, de modo a engajar os alunos: dispositivos que facilitam o aprendizado interativo e personalizado, em que os estudantes podem explorar o conhecimento de forma dinâmica e envolvente; softwares educacionais avançados, que podem adaptar o conteúdo às necessidades individuais dos alunos, promovendo um aprendizado mais eficiente e eficaz; e ferramentas de realidade aumentada e virtual, que facilitam a compreensão de conceitos abstratos e transformam o aprendizado em uma experiência mais imersiva.

Além de todas essas vantagens, a tecnologia na educação facilita a colaboração e a comunicação, não apenas entre alunos, mas entre professores, pais e a comunidade escolar em sua totalidade. Plataformas digitais permitem o acompanhamento do progresso acadêmico em tempo real, possibilitando intervenções mais rápidas e precisas. A sala de aula do futuro é uma sala de aula conectada, em que o conhecimento pode e deve ser compartilhado, e a aprendizagem é contínua e acessível.

Os ambientes escolares precisam ser um reflexo dessa realidade, caso contrário não vamos preparar de fato as novas gerações para o mundo atual. Inserir tecnologia na educação não é uma opção, é fundamental para o aprendizado e para o crescimento dos jovens.

Meu papel como professor vai mudar para pior

A transformação do papel do professor tem sido bastante discutida, principalmente à medida que novas tecnologias e metodologias de ensino se integram ao cotidiano escolar. Porém, afirmar que essa mudança é negativa é uma percepção equivocada. A história tem nos mostrado que, com frequência, as inovações resultam em oportunidades e em avanços significativos.

Olhando para o passado, vemos que cada grande inovação percorreu um ciclo: um período de adaptação, seguido de um aumento na eficiência das práticas adotadas, culminando em uma consolidação à espera da próxima inovação. Um exemplo é a invenção da imprensa, que possibilitou a impressão de uma infinidade de cópias de livros e outros materiais didáticos, e assim ampliou o acesso ao conhecimento, democratizou a informação e revolucionou o ensino. Mais recentemente, a internet e os dispositivos digitais tornaram o aprendizado mais acessível, dinâmico e interativo. Esses avanços não diminuíram a importância do professor, mas redefiniram seu papel e ampliaram seus campos de atuação.

O mais importante, em momentos de grandes transformações, é se afastar de uma mentalidade pessimista e adotar uma de crescimento, pois encarar mudanças com resistência e medo apenas limita o potencial de adaptação e de sucesso. Em vez de achar que as novas tecnologias e metodologias são ameaças, é essencial vê-las como ferramentas poderosas que podem ajudar, e muito, no processo de ensino-aprendizagem.

Uma mentalidade de crescimento possibilita aos professores verem o aprendizado contínuo e a adaptação sob uma perspectiva positiva e flexível, como partes naturais e necessárias de sua evolução profissional.

Portanto, a mudança no papel do professor não deve ser vista com desconfiança ou pessimismo, mas sob uma perspectiva positiva e flexível. Adotar uma mentalidade de crescimento significa reconhecer que a evolução é parte integrante do processo educativo e cada nova ferramenta ou metodologia é uma oportunidade para melhorar e inovar. Em vez de se prender a um modelo tradicional e limitante, é hora de acolher as possibilidades que essas mudanças trazem, criando um ambiente de aprendizagem mais dinâmico, inclusivo e eficiente para todos. O papel do professor não está sendo desvalorizado, mas sim enriquecido, o que abre caminho para uma educação mais inovadora e eficaz, que prepara os estudantes para os desafios do futuro. Todos saem ganhando.

A escola em que atuo não tem recursos

A educação de qualidade, visando à formação de alunos preparados para os desafios do mundo de hoje, está relacionada a pilares fundamentais, como tecnologia, protagonismo e engajamento. Mesmo em contextos escolares com recursos limitados, é possível implementar esses pilares de maneira eficaz.

A tecnologia, por exemplo, não se restringe apenas a equipamentos caros ou sistemas avançados; essas ferramentas podem ser adaptadas às realidades de cada instituição. É aí que a criatividade e a inovação entram em cena, transformando recursos simples em poderosos instrumentos de ensino. Por meio de aplicativos educativos gratuitos e plataformas on-line, como a Proximal, da UniCarioca,[57] por exemplo, é possível proporcionar uma infinidade de materiais e experiências interativas, tornando o ensino mais dinâmico e acessível.

O protagonismo do estudante é outro elemento que pode ser estimulado, independentemente das limitações de recursos. Isso pode ser feito por meio de projetos baseados em problemas reais da comunidade, debates em sala de aula e atividades que requerem pesquisas. Incentivar os alunos a assumirem um papel ativo em seu próprio aprendizado promove autonomia, confiança e responsabilidade. Eles se tornam mais engajados e motivados a explorar novas experiências de aprendizado.

O engajamento é uma consequência natural de um ambiente de aprendizado ativo e participativo; por isso, criar um espaço em que os alunos se sintam ouvidos e valorizados é fundamental. Professores podem utilizar metodologias ativas, como a aprendizagem baseada em projetos, a gamificação e a sala de aula invertida para tornar as aulas mais envolventes. Essas abordagens, que focam mais a interação e a colaboração, não requerem grandes investimentos financeiros.

---

[57] UNICARIOCA. *op. cit.*

Nesse processo, é fundamental a colaboração entre escola, comunidade e família, pois potencializa os recursos disponíveis e cria uma rede de apoio para os alunos. Parcerias com organizações locais, universidades e empresas também podem trazer novos recursos e oportunidades, ampliando o alcance das iniciativas educacionais.

Afirmo sem medo que, mesmo em contextos de escassez de recursos, é possível proporcionar uma educação de qualidade e alinhada com os preceitos fundamentais de um ensino que prepare os alunos para o futuro.

Meus alunos não têm capacidade de aprender usando novas tecnologias

Afirmar que um aluno não tem capacidade de aprender pode ter um efeito devastador em sua motivação e autoconfiança. Não apenas o desestimula como também pode criar um círculo vicioso de desengajamento e baixo desempenho. Vale lembrar que os estudantes de hoje são grandes usuários de tecnologia e têm um potencial incrível para aprender, especialmente quando se sentem apoiados e valorizados no ambiente educacional.

O renomado psicólogo Albert Bandura enfatiza a importância da autoeficácia, definindo-a como a crença de uma pessoa na própria habilidade para organizar e realizar as ações necessárias para atingir objetivos específicos. Mais do que apenas reconhecer suas competências, tem a ver com avaliar a capacidade de aplicá-las em determinados contextos.[58] Ele salienta: "[...] para serem bem-sucedidas, as pessoas precisam ter um sentido de autoeficácia, de lutar de forma resiliente para enfrentar os inevitáveis obstáculos e desigualdades da vida".[59]

Se um professor questiona constantemente a capacidade dos alunos, estes internalizam essa percepção negativa, o que pode resultar em um desempenho inferior ao seu verdadeiro potencial. No entanto, o professor que encoraja e valoriza esforços pode estimular um poderoso senso de autoeficácia, incentivando os alunos a se empenharem mais e a alcançarem resultados melhores.

Adotar uma abordagem positiva e de suporte é fundamental. Professores que fornecem feedback construtivo e celebram pequenas conquistas, criam um ambiente em que os alunos se sentem seguros para cometer erros e aprender com eles. Lembre-se de que a tecnologia permite personalizar o ensino e ajuda a identificar as áreas em que os alunos mais têm dificuldades, auxiliando-os a progredirem no próprio ritmo e, assim, fortalecerem a confiança na própria capacidade.

---

[58] DAMAS, M. Autoeficácia e a educação híbrida. **ABMES**, *[s. l.]*, 18 jun. 2024. Disponível em: https://abmes.org.br/blog/detalhe/18810/autoeficacia-e-a-educacao-hibrida. Acesso em: 5 ago. 2024.

[59] CALICCHIO, S. **Albert Bandura e o fator autoeficácia**. São Paulo: Stefano Calicchio, 2023.

Ao acreditar no potencial dos alunos, é possível transformar a educação em uma experiência enriquecedora e motivadora para os envolvidos. A mudança começa com a atitude do professor e a criação de um ambiente em que o aprendizado é visto como uma jornada contínua de descobertas e crescimento, em que cada aluno é valorizado e encorajado a alcançar seu máximo potencial.

Vou perder o controle do processo se der mais protagonismo aos alunos

Vou lhe dar uma notícia talvez assustadora, mas é necessário que você saiba: você já perdeu o controle do processo. Como falamos anteriormente, o professor não detém mais o controle absoluto do processo educacional, ele não é mais o único disseminador do conhecimento. O modelo tradicional de ensino já não serve mais, o que não significa que o papel do professor se tornou menos importante, mas sim que precisa ser redefinido para se adaptar às novas realidades educacionais.

Os professores precisam adotar uma nova postura: a de curadores e mentores dos alunos. Em vez de meros transmissores de informações, os professores devem orientar, inspirar e facilitar o processo de aprendizagem. Eles precisam ajudar os alunos a analisarem as informações disponíveis, selecionando o que é relevante, verdadeiro e útil. Nesse contexto, é importante destacar que o processo de ensino-aprendizagem deve ser entendido como uma via de mão dupla. Não é mais uma relação de entrega e simples recebimento de conhecimento, mas uma parceria em que ambos atuam juntos em busca do conhecimento. O professor, então, torna-se uma figura inspiradora, um guia que ajuda os alunos a descobrirem e a desenvolverem as próprias capacidades.

O papel do professor hoje é muito mais rico e complexo do que era no passado. Exige empatia e muita flexibilidade, mas é completamente possível adotá-lo, bastando que se tenha mente aberta e vontade de fazer acontecer.

Meu plano de ensino é tradicional, mas sempre fiz assim e funciona. Por que mudar?

O sucesso no passado não é garantia de sucesso no futuro. Antes, a estabilidade e a previsibilidade permitiam que estruturas rígidas funcionassem de maneira eficiente. No entanto, a atual velocidade das mudanças tecnológicas, sociais e econômicas desafia essa lógica.

Em um mundo cada vez mais dinâmico e imprevisível, tudo ao nosso redor pode mudar de um momento para o outro. Essa realidade exige uma nova abordagem, especialmente no campo da educação. Os tradicionais planos de ensino, muitas vezes caracterizados por sua rigidez, precisam se tornar mais flexíveis para se adequarem às demandas de um ambiente em constante transformação.

Flexibilidade nos planos de ensino não significa que não se deve mais utilizá-los, mas sim que é necessária uma adaptação contínua às necessidades dos alunos e às exigências do mundo moderno. É essencial que os educadores estejam preparados para revisar e ajustar seus métodos e conteúdos regularmente, incorporando novas tecnologias e abordagens pedagógicas, em um ambiente colaborativo e interativo, em conformidade com as demandas do mercado de trabalho. Para que isso aconteça, é necessário um mindset de crescimento por parte dos educadores e das instituições de ensino.

Os alunos só têm a ganhar com um ambiente educacional flexível, pois aprendem a lidar melhor com a incerteza e com as mudanças, desenvolvendo resiliência e criatividade. Isso os encoraja a pensarem criticamente, a resolverem problemas de forma inovadora e a se adaptarem rapidamente a novas situações. Prepara também os alunos para um mercado globalizado, em que a capacidade de trabalhar com pessoas de diferentes culturas e backgrounds é fundamental. Inclusive, sugiro que você, professor, faça um exercício: em vez de chamar de plano de ensino, pense em plano de aprendizagem.

Reconhecer que o sucesso do passado não projeta sucesso no futuro é o primeiro passo para uma transformação necessária na educação, que deve ser um reflexo do mundo em que vivemos: sempre em evolução.

Eu me formei há muitos anos, e a maneira como aprendi a ensinar é a única correta

A formação docente atual, principalmente as licenciaturas, continua baseada em modelos pedagógicos do passado, que se mostram insuficientes diante das transformações rápidas e constantes da sociedade e do mercado de trabalho. A defasagem é evidente e preocupante, pois os profissionais formados em cursos de licenciatura muitas vezes não estão preparados para enfrentar os desafios modernos da sala de aula.

As habilidades e competências digitais são aspectos que precisam ser incorporados urgentemente às licenciaturas. Vivemos em uma era em que a tecnologia não é apenas uma ferramenta adicional, mas um elemento central na vida cotidiana e profissional. A educação, portanto, deve refletir essa realidade, preparando os futuros professores para utilizarem as novas tecnologias de maneira eficaz e criativa em suas práticas pedagógicas. Isso inclui desde o uso de plataformas on-line para ensino a distância, até a aplicação de softwares educacionais e recursos multimídia que possam enriquecer o processo de ensino-aprendizagem.

Além disso, é essencial que os professores não vejam a formação como um ponto de chegada, mas como um processo contínuo. A formação inicial deve ser apenas o começo de uma jornada de aprendizado permanente. Novas pesquisas e métodos pedagógicos surgem o tempo todo. Portanto, a formação continuada é fundamental para que os professores se mantenham atualizados, aprimorem suas habilidades e competências, e ofereçam uma educação de qualidade, que atenda às necessidades dos alunos.

Não tenho incentivos salariais para investir na carreira

É inegável que a carreira de professor enfrenta um cenário de desvalorização. No entanto, aceitar passivamente essa realidade não deve ser uma opção. Em vez disso, é possível buscar uma trajetória diferenciada, em que o próprio professor se valorize e transforme a percepção de sua profissão. A chave está em redefinir o papel do docente, explorando novas possibilidades e até mesmo empreendendo no campo da educação. Empreender como professor pode ser uma maneira eficaz de se valorizar e, ao mesmo tempo, contribuir para a inovação na sua área. Existem inúmeras oportunidades para os educadores que desejam expandir seus horizontes, como: criar cursos on-line; desenvolver materiais didáticos inovadores; oferecer consultoria educacional; lançar startups focadas em soluções educacionais, entre outras. Esses caminhos não só aumentam o alcance e a influência do professor como também proporcionam novas fontes de renda e de reconhecimento.

Outra forma de redefinir a carreira docente é buscar especializações e formações continuadas, que agreguem valor ao currículo. Investir em desenvolvimento profissional, por meio de cursos de pós-graduação, certificações ou workshops, pode abrir novas portas e trazer oportunidades. Um professor bem qualificado e atualizado com as tendências educacionais tem mais chances de se destacar e ser valorizado no mercado.

O contato com outros profissionais da educação também pode gerar novas oportunidades. Participar de redes profissionais, grupos de discussão, conferências educacionais e comunidades de apoio e troca de experiências amplia os conhecimentos e as habilidades, além de trazer conexões que podem levar a parcerias que beneficiem a todos os envolvidos.

É importante destacar que a valorização da carreira docente também passa por um reconhecimento interno. Os professores devem se enxergar como agentes de mudança, conscientes de seu impacto na vida dos estudantes e na sociedade em geral. A educação é um campo repleto de possibilidades, e os professores, como peças fundamentais desse sistema, têm o poder de inovar, influenciar e inspirar, garantindo que sua nobre função seja respeitada e admirada.

A gestão da escola é autoritária, e quer impor as mudanças "de cima para baixo"

Essa abordagem unilateral não funciona. Para que as mudanças sejam bem-sucedidas, é fundamental que sejam discutidas de forma democrática, envolvendo todos os atores da comunidade escolar. No entanto, também não é produtivo pensar que, se a iniciativa não partiu do corpo docente, não pode ser implementada, pois isso pode resultar em uma resistência coletiva e prejudicar o andamento dos processos. A chave para o sucesso é estabelecer um diálogo constante e aberto, em que as ideias fluam "de cima para baixo" e "de baixo para cima".

Impor mudanças sem ouvir a opinião de professores, alunos e outros membros da comunidade escolar cria um ambiente de insatisfação e desmotivação, pois acaba não levando em conta a infinidade de experiências e conhecimentos das pessoas envolvidas. A abordagem eficaz é a que envolve a participação ativa da comunidade escolar, garantindo que as mudanças reflitam as necessidades e expectativas de todos.

Para que o diálogo entre a gestão e os professores funcione, é fundamental que se criem canais de comunicação abertos e transparentes. Reuniões regulares, grupos de trabalho e fóruns de discussão são algumas formas de garantir que todas as vozes sejam ouvidas. A gestão deve estar disposta a ouvir críticas construtivas e sugestões, assim como os professores devem estar abertos a novas ideias e propostas.

A resistência às mudanças muitas vezes surge da falta de compreensão ou de envolvimento nos processos. Quando as pessoas sentem que suas opiniões são valorizadas e elas têm um papel ativo nas decisões que afetam seu trabalho e sua vida, a aceitação das mudanças aumenta significativamente. É importante que a gestão escolar explique claramente as razões por trás das mudanças propostas e como elas beneficiam a comunidade escolar.

Deve-se buscar um equilíbrio, em que as ideias e iniciativas sejam avaliadas com base no potencial de melhoria que elas trazem, independentemente de sua origem. Esse equilíbrio pode ser alcançado por meio de uma cultura de colaboração e confiança mútua, em que a gestão esteja disposta a adaptar suas propostas com base no feedback dos professores, e estes estejam dispostos a se comprometerem e a colaborar para o bem maior.

Em vez de uma gestão autoritária, que impõe mudanças de cima para baixo, ou de uma resistência rígida às mudanças, a solução está em dialogar. Somente por meio de uma abordagem democrática e equilibrada as mudanças no ambiente escolar podem ser implementadas de maneira eficaz, beneficiando a todos os envolvidos e criando um ambiente educacional mais produtivo e engajador.

A sala de aula no formato tradicional é sagrada e inviolável; eu decido o que trazer para discutir com os alunos

Os tempos mudaram e não há mais espaço para professores autoritários, convictos de que são os únicos detentores do conhecimento. A dinâmica da sala de aula também evoluiu, e não há mais como sustentar a ideia da sala de aula como um espaço intocável e imutável.

A rejeição ao professor autoritário reflete uma mudança cultural mais ampla. A hierarquia rígida e o controle excessivo são vistos como obsoletos e contraproducentes. Os alunos de hoje valorizam a autonomia e a liberdade para expressar suas opiniões, buscando um relacionamento mais horizontal com os educadores. Eles buscam um ambiente de aprendizado mais colaborativo e desejam ser ouvidos e respeitados como indivíduos, e não simplesmente como membros passivos na sala de aula.

A sala de aula agora é vista como um ambiente dinâmico e flexível, pronto para se adaptar às necessidades e expectativas dos alunos. Para os professores, isso representa um desafio e uma oportunidade. Em vez de impor autoridade de cima para baixo, os educadores podem adotar uma abordagem mais inclusiva e participativa, o que requer uma escuta ativa, valorizando suas contribuições e envolvendo os estudantes na construção do conhecimento.

Como já falei em outros capítulos deste livro, a sala de aula não é mais o único espaço de aprendizado. Com o avanço da tecnologia, os alunos têm acesso a uma série de recursos educacionais fora do ambiente escolar. Além disso, os estudantes de hoje estão mais conscientes das questões sociais e buscam um ambiente escolar que respeite e celebre as diferenças. Os professores podem aproveitar essa realidade para tornar o aprendizado mais dinâmico e relevante, incorporando ferramentas digitais e interativas, e também promover a diversidade nas aulas, garantindo assim que todos os alunos se sintam representados e respeitados.

Os professores que conseguem se adaptar a essa nova realidade e adotar uma abordagem mais empática estão mais bem preparados para enfrentar os desafios e aproveitar as oportunidades do ensino contemporâneo.

CAPÍTULO 10

O *CASE* DE SUCESSO DA UNICARIOCA

A EDUCAÇÃO UNIVERSITÁRIA PROMOVE O DESENVOLVIMENTO DO PENSAMENTO CRÍTICO E A CAPACIDADE DE RESOLVER PROBLEMAS COMPLEXOS.

LUIZ PEREIRA[60]

---

[60] PEREIRA, L. Pensamento crítico na educação superior. **Jornal de Pedagogia**, 2020.

Até aqui, falei sobre os princípios norteadores da educação do futuro e por que eles são fundamentais para o desenvolvimento de uma educação mais inteligente. Neste capítulo, quero apresentar um *case* de sucesso que sintetiza os princípios apresentados para que sirva como modelo para a criação de outras práticas educacionais. Trata-se do case da UniCarioca, instituição privada de ensino superior que completa 35 anos em 2025.

A UniCarioca foi criada com a missão de oferecer ensino de excelência, com cursos viáveis financeiramente e que atendessem ao mercado de trabalho, de modo a democratizar o acesso à educação.

A instituição enfrentou diversos desafios, principalmente no início, quando precisou estabelecer uma infraestrutura adequada e montar um corpo docente qualificado. Os recursos financeiros eram limitados, mas com criatividade e determinação foi possível superar esse desafio.

Ao longo dos anos, a instituição aumentou a oferta de cursos e ampliou sua infraestrutura, por meio da inauguração de novos campi, necessários para o atendimento da demanda crescente de estudantes. A instituição também tem estabelecido parcerias estratégicas e investido em tecnologia e em metodologias pedagógicas inovadoras para melhorar a qualidade do ensino e a experiência dos alunos, além de adaptar constantemente seu currículo às necessidades do mercado de trabalho. Outro aspecto de destaque na história da instituição é o forte compromisso com a responsabilidade social, materializado por meio de diversos projetos comunitários e programas de inclusão.

Hoje, a UniCarioca é reconhecida como uma instituição de ensino superior de excelência, comprometida com a formação de profissionais competentes e cidadãos conscientes. Sua história é o exemplo de como visão estratégica, determinação e trabalho colaborativo podem ajudar na superação de desafios e na construção de uma instituição que faça a diferença na vida das pessoas e que tem como missão transformar a sociedade por meio da educação.

A seguir, trago exemplos de iniciativas de sucesso implementadas pela UniCarioca que podem servir de exemplo de boas práticas para o desenvolvimento e para a gestão de um ensino de qualidade.[61]

---

[61] Mais informações sobre os projetos estão disponíveis em: https://unicarioca.edu.br/. Acesso em: 5 ago. 2024.

Projeto de reforço acadêmico gratuito

O Projeto Letras e Números enfatiza o compromisso da instituição com a inclusão. Essa iniciativa inovadora oferece aulas de reforço ministradas por professores da própria instituição, o que possibilita aos alunos fortalecerem suas habilidades em português e matemática, suprindo eventuais lacunas no aprendizado dessas disciplinas. As aulas proporcionam uma revisão abrangente e eficaz dos conteúdos básicos e são enriquecidas com dicas para quem está se preparando para concursos públicos ou outras avaliações.

O diferencial é que o projeto é também aberto para a comunidade externa, permitindo que pessoas interessadas, além dos estudantes da UniCarioca, tenham acesso às aulas. Essa iniciativa reflete o compromisso social da instituição de contribuir para o desenvolvimento da sociedade por meio da educação.

É mais do que um simples programa acadêmico; representa uma chance de influenciar de forma positiva a vida dos estudantes. Ele reconhece as peculiaridades de cada aluno, propiciando um ambiente de aprendizado que é, ao mesmo tempo, envolvente, estimulante e acolhedor, o que ajuda a superar lacunas educacionais do ensino médio. Ao investir no desenvolvimento das habilidades básicas em português e matemática, o projeto contribui significativamente para a formação de indivíduos mais preparados e capacitados para enfrentar os desafios da vida futura.

Formação com ética e Inteligência Artificial

Ao ingressar na UniCarioca, o aluno precisa cursar uma formação básica obrigatória, presente em todas as matrizes curriculares dos cursos oferecidos. Nessa formação, ele inicia uma jornada de conhecimento sobre a IA, por meio das disciplinas de "Raciocínio Lógico" e "Ética e Responsabilidade Social". Nessas disciplinas, são promovidos debates iniciais sobre a IA, explorando conceitos básicos e implicações éticas e sociais. Além disso, os alunos são incentivados a utilizarem as ferramentas de IA disponíveis, o que promove uma imersão gradual e prática nesse tema tão importante nos dias atuais.

À medida que avançam em seus cursos, os estudantes têm oportunidade de aprofundar seus conhecimentos e suas habilidades em IA, e são orientados a utilizarem as ferramentas tecnológicas em projetos específicos, proporcionando uma experiência concreta e relevante para sua formação acadêmica e profissional.

A abordagem integrada da IA ao currículo acadêmico da UniCarioca é uma estratégia que visa preparar os alunos para os desafios e para as oportunidades que as novas tecnologias oferecem. Essa postura demonstra um compromisso com a inovação e com a formação de cidadãos conscientes e responsáveis.

Currículos baseados em trilhas e certificações

Nos currículos da área Tech, a UniCarioca adotou uma abordagem inovadora, visando proporcionar uma experiência de aprendizado mais personalizada e prática para os alunos. Consiste em oferecer trilhas de aprendizado personalizadas, em que o estudante pode seguir um caminho que atenda às suas necessidades e aos seus interesses específicos. Essas trilhas são projetadas para viabilizar uma formação abrangente e especializada em áreas como programação, análise de dados, Inteligência Artificial, entre outras.

Além das trilhas de aprendizado, os alunos participam ativamente de atividades práticas ao longo da jornada acadêmica, que permitem a aplicação dos conhecimentos adquiridos em sala de aula em situações do mundo real. Essa abordagem enriquece a experiência de aprendizado dos alunos, preparando-os de forma mais eficaz para o mercado de trabalho, em que a aplicação prática dos conhecimentos é essencial.

Um aspecto fundamental dessa abordagem é a obtenção de certificações profissionais durante a jornada acadêmica. Essas certificações são reconhecidas pelo mercado de trabalho e atestam as habilidades e competências dos alunos em áreas específicas, o que aumenta a empregabilidade deles, capacitando-os para ingressarem no mercado.

Essa adaptação dos currículos da área Tech da UniCarioca representa um avanço significativo na forma como o ensino superior é concebido. Ao personalizar o aprendizado, promover a aplicação prática do conhecimento e oferecer certificações profissionais, a UniCarioca estimula a individualidade e o protagonismo do aluno e reconhece o papel do professor como mentor de projetos, por meio de uma jornada flexível e alinhada com a realidade trazida pelas novas tecnologias.

Programa de acolhimento com uso de IA

O programa, cujo objetivo é "ser o principal ponto de contato do aluno ingressante com a UniCarioca, facilitando a comunicação e a integração, e com foco no sucesso da jornada do aluno",[62] é formado por uma equipe multidisciplinar que atende os estudantes que queiram conversar sobre questões acadêmicas, financeiras, pedagógicas e de carreira profissional.

Uma das frentes em que o projeto atua é na previsão da evasão escolar, ainda muito frequente, sobretudo nas instituições de ensino privadas. Por meio da utilização de ferramentas de IA, é possível prever a possibilidade de evasão escolar e, assim, intervir preventivamente, oferecendo suporte personalizado aos alunos em risco, a fim de ajudá-los a superarem os desafios e continuarem os estudos com sucesso.

Por ser capaz de processar grandes volumes de dados de maneira rápida e eficiente, a IA se torna uma grande aliada, pois identifica padrões que podem passar despercebidos por análises tradicionais. Alguns

---

[62] Mais informações estão disponíveis em: https://unicarioca.edu.br/conheca/programa-acolher/. Acesso em: 5 ago. 2024.

desses dados são: desempenho acadêmico, frequência, histórico de notas e participação em atividades extracurriculares, entre outros. Com essas informações, a IA identifica padrões e indicadores de estudantes que podem estar enfrentando dificuldades e, consequentemente, apresentando risco maior de evasão.

A IA também é utilizada para personalizar as intervenções, levando em consideração as necessidades individuais de cada aluno, o que possibilita oferecer um suporte mais eficaz e direcionado, aumentando assim as chances de retenção e sucesso dos alunos.

O programa Acolher é um ótimo exemplo de como a IA pode ser utilizada para transformar o ambiente acadêmico em um espaço mais inclusivo e acolhedor para os estudantes. Por meio dela, é possível personalizar o suporte educacional, identificar lacunas e promover uma interação mais eficiente. O projeto facilita o aprendizado, contribui para o bem-estar emocional dos alunos e cria uma rede em que cada indivíduo se sente valorizado e apoiado em sua trajetória acadêmica.

Plataforma de pesquisas de alunos

A Proximal[63] é uma iniciativa dos alunos e ex-alunos do mestrado da UniCarioca e tem por objetivo "aproxi-

---

[63] Mais informações estão disponíveis em: https://proximal.unicarioca.edu.br/portal/sd-gamificada-cultura-indigena-educacao-infantil/. Acesso em: 5 ago. 2024.

mar" alunos, orientadores e a comunidade escolar da produção científica desses estudantes.

A plataforma é um ótimo exemplo de como a tecnologia pode revolucionar a comunicação e a interação entre orientadores e orientandos, tornando o processo de orientação acadêmica mais eficiente e flexível. Por meio de ferramentas inovadoras, a Proximal proporciona um ambiente virtual completo, que inclui videoconferências, chats, fóruns de discussão e armazenamento de documentos on-line. Essas funcionalidades permitem que os estudantes recebam orientações de maneira ágil e prática, independentemente de sua localização geográfica ou restrição de horário.

As videoconferências são especialmente úteis para discussões mais profundas e detalhadas, simulando a experiência de uma reunião presencial. Os chats instantâneos oferecem uma via rápida para resolver dúvidas e trocar ideias em tempo real, enquanto os fóruns de discussão criam um espaço colaborativo em que orientadores e orientandos podem compartilhar informações e recursos valiosos. O armazenamento de documentos on-line garante que todos os materiais relevantes sejam organizados e estejam acessíveis a qualquer momento, facilitando a revisão e o acompanhamento do progresso do trabalho acadêmico.

A plataforma também se destaca por seus recursos de acompanhamento acadêmico, que possibilitam aos orientadores monitorarem o progresso de seus orientandos, identificando rapidamente quaisquer dificuldades ou áreas que necessitem de atenção especial. Com essas informações, é possível oferecer suporte personalizado, ajustando as estratégias de orientação para atender às necessidades de cada estudante e assegurando que todos recebam a orientação necessária para alcançar seus objetivos. Ao se beneficiarem de um suporte mais direcionado e eficiente, os alunos podem desenvolver suas competências pessoais, acadêmicas e profissionais.

A Proximal não apenas moderniza a forma como orientadores e orientandos se comunicam e interagem, mas também eleva a qualidade do acompanhamento acadêmico, proporcionando uma experiência de aprendizagem mais rica e personalizada. A plataforma torna a orientação acadêmica mais acessível e eficiente, beneficiando tanto orientadores quanto orientandos em sua jornada de pesquisa e desenvolvimento acadêmico.

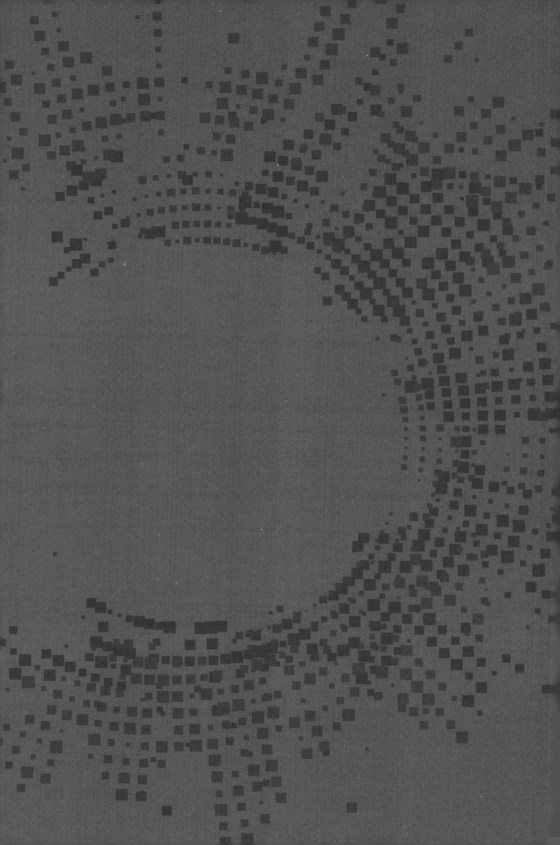

CAPÍTULO 11

MANIFESTO POR UMA EDUCAÇÃO MAIS INTELIGENTE

A MENTE QUE SE ABRE A UMA
NOVA IDEIA JAMAIS VOLTARÁ AO
SEU TAMANHO ORIGINAL.

OLIVER WENDELL[64]

---

[64] HOLMES, O. W. **The Autocrat of The Breakfast-Table.** Boston: Phillips, Sampson and Company, 1858.

1. Todo aluno é único e deve ser respeitado em sua individualidade

Cada aluno é um indivíduo único, com experiências, habilidades e necessidades diferentes. Como educadores, precisamos valorizar essa individualidade, entendendo que cada aluno tem um caminho educacional e profissional único a percorrer. É por isso que temos de nos esforçar para oferecer um ambiente acadêmico inclusivo e acolhedor, em que todos os alunos se sintam respeitados e valorizados em sua singularidade.

Respeitar a individualidade de cada aluno vai além de reconhecer suas diferenças; é necessário adaptar as abordagens de ensino e aprendizado para atender às necessidades específicas de cada estudante. Essa atitude contribui para o sucesso acadêmico e profissional do aluno, além de fomentar a construção de um futuro mais promissor e igualitário para todos.

2. O professor é o principal agente facilitador da aprendizagem, e deve ser valorizado

O papel do professor vai muito além da transmissão de conhecimentos; ele é o principal agente facilitador da aprendizagem, responsável por inspirar, motivar e guiar os alunos em sua jornada educacional.

Ao assumir seu papel de mentor e de curador, o professor deve estimular o pensamento crítico, a criatividade e o desenvolvimento de cada aluno. Por meio de seu exemplo, os estudantes são inspirados a buscar o melhor de si mesmos e a alcançar seus objetivos acadêmicos e profissionais. Além disso, o professor deve vencer suas crenças limitantes e se desenvolver continuamente.

3. Os ambientes de aprendizagem são diversos e devem ser atraentes e baseados nas novas tecnologias

Os ambientes de aprendizagem são essenciais para estimular a criatividade, a colaboração e o engajamento dos alunos. Ao oferecer ambientes flexíveis para os estudantes, atendendo às suas necessidades e preferências individuais, é possível proporcionar uma experiência educacional mais enriquecedora e engajadora para os estudantes, preparando-os para os desafios e as oportunidades do futuro. A inovação e a excelência acadêmica andam de mãos dadas, e os ambientes de aprendizagem devem refletir esse compromisso com a qualidade e com a modernidade. A IA pode ser um instrumento importante na criação de ambientes dinâmicos e adaptativos, além de ajudar no monitoramento do desenvolvimento dos alunos.

4. Os currículos devem ser flexíveis e adaptáveis à realidade e aos interesses dos alunos

Os currículos educacionais devem ser concebidos de forma a serem flexíveis e adaptáveis, refletindo a realidade e os interesses dos alunos. Ao compreendermos que cada aluno é único, com diferentes experiências de vida, habilidades e objetivos, é possível desenvolver currículos personalizados para atender às necessidades específicas de cada estudante.

Ao oferecermos currículos flexíveis e baseados em competências, estamos preparando os alunos para enfrentarem os desafios de um mundo em constante mudança, capacitando-os a se destacarem em suas áreas de interesse e a contribuírem de forma significativa para a sociedade.

5. Os alunos devem ser protagonistas de suas jornadas de aprendizagem

Dizer que os estudantes devem ser os protagonistas de sua jornada significa que eles devem ser incentivados a assumir um papel ativo em seu processo educacional, tomando decisões, definindo metas e buscando oportunidades que estejam alinhadas com seus interesses e objetivos pessoais e profissionais.

Para isso, é importante oferecer um ambiente educacional que estimule a autonomia e a responsabilidade dos alunos, com professores que sejam facilitadores, orientando e apoiando os alunos em sua jornada, mas sempre incentivando-os a buscarem conhecimento de forma independente e a se envolverem ativamente em seu aprendizado.

Também é importante valorizar a diversidade de experiências e as perspectivas dos alunos, estimulando a colaboração e a troca de ideias entre eles. Ao compartilharem experiências e conhecimentos, os estudantes enriquecem a própria aprendizagem e contribuem para o crescimento acadêmico e pessoal dos colegas.

Promover o protagonismo dos alunos em suas jornadas de aprendizagem, estimulando a aprendizagem contínua e preparando-os para serem cidadãos ativos e engajados, capazes de enfrentar os desafios do mundo moderno com confiança e determinação, é uma forma de empoderar os alunos, além de propiciar a construção de um futuro melhor e mais promissor para todos.

6. A aprendizagem é uma atividade permanente do ser humano, e deve ocorrer durante toda a vida

A aprendizagem é um processo contínuo e deve ocorrer ao longo de toda a vida. Toda experiência, seja acadêmica, profissional ou pessoal, pode ser uma oportunidade de aprendizado e de crescimento. Sendo assim, é importante incentivar os alunos a adotarem uma mentalidade de aprendizagem contínua, buscando sempre novos conhecimentos, habilidades e perspectivas.

Ao reconhecermos a aprendizagem como uma atividade permanente e enriquecedora, preparamos os alunos para terem sucesso em suas carreiras e se tornarem cidadãos mais completos, conscientes e engajados em sua comunidade e no mundo. A aprendizagem ao longo da vida é essencial para o crescimento pessoal e profissional de cada indivíduo, e, como educadores, precisamos estar comprometidos em oferecer as ferramentas e oportunidades necessárias para que isso aconteça.

7. As instituições educacionais devem estar conectadas com a realidade de sua região e com o mundo do trabalho

Quando conectamos o contexto regional com as demandas do mercado de trabalho em nossos currículos, estamos proporcionando uma educação que vai além da sala de aula. A abordagem pedagógica passa a ser centrada na preparação dos alunos para ingressarem no mercado de trabalho, fornecendo-lhes conhecimentos teóricos e habilidades práticas que os tornam aptos a serem agentes de mudança.

Ao oferecermos uma formação integral que dialoga com as necessidades do mercado e as particularidades regionais, garantimos que os estudantes encontrem seu lugar no mundo profissional, contribuam significativamente para o desenvolvimento social e econômico e sejam protagonistas de mudanças positivas em suas comunidades.

8. As tecnologias são instrumentos de personalização da aprendizagem e devem ser incorporadas à educação

As novas tecnologias são instrumentos poderosos para personalizar a aprendizagem e, por isso, devem ser incorporadas à educação. Elas podem ser utilizadas para criar experiências de aprendizagem mais dinâmicas, interativas e personalizadas, que atendam às necessidades individuais de cada aluno, de acordo com seu ritmo e estilo de aprendizagem.

Por meio da adoção de tecnologias inovadoras, como plataformas de ensino on-line, aplicativos educacionais e ferramentas de análise de dados, é possível oferecer uma educação engajadora e centrada no aluno.

9. As resistências à mudança fazem parte do desafio educacional e devem ser vencidas com acolhimento e diálogo construtivo

Para superar resistências, é fundamental adotar uma abordagem acolhedora e de diálogo construtivo.

Para isso, é importante promover um ambiente inclusivo e aberto, em que todas as vozes sejam ouvidas e respeitadas.

Ao enfrentar as resistências à mudança com acolhimento e diálogo, é possível construir uma cultura organizacional mais resiliente e engajadora, superando os desafios educacionais de forma colaborativa e inclusiva, garantindo que as mudanças sejam bem-sucedidas e beneficiem todos os envolvidos.

10. A educação mais inteligente é a que une cérebro (razão), coração (emoção) e coragem (ação)

A educação mais inteligente é aquela que vai além do desenvolvimento cognitivo e incorpora aspectos emocionais e comportamentais. A educação completa deve unir razão, emoção e ação, capacitando os alunos a pensarem de forma crítica e a agirem com coragem, consciência, ética e empatia em todas as áreas da vida.

Ao integrar cérebro, coração e coragem, é possível oferecer uma educação que transmita conhecimentos, promova valores como respeito, ética e empatia, e estimule os alunos a explorarem suas paixões e seus interesses, com a coragem necessária para enfrentar os desafios e as oportunidades que encontrarão ao longo da vida.

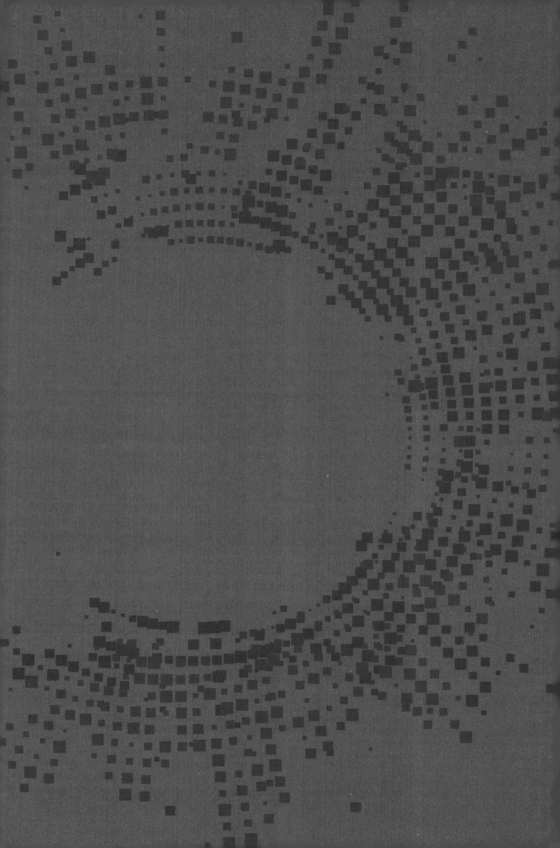

CONCLUSÃO

A jornada de Dorothy em O Mágico de Oz ensina que a verdadeira coragem e compaixão surgem quando enfrentamos com inteligência nossos próprios medos e desafios pessoais.

CELSO MISKER

A JORNADA DE DOROTHY EM
O MÁGICO DE OZ ENSINA QUE
A VERDADEIRA CORAGEM
E COMPAIXÃO SURGEM
QUANDO ENFRENTAMOS COM
INTELIGÊNCIA NOSSOS PRÓPRIOS
MEDOS E DESAFIOS PESSOAIS.

CELSO NISKIER

Quero, ao final deste livro, reforçar a minha confiança na capacidade do professor de superar desafios e manter a resiliência, mesmo diante de inúmeras adversidades. Minha crença se mantém quando observo a determinação e a paixão dos educadores, mesmo diante de tantas inovações e mudanças trazidas pelas novas tecnologias.

Nesse contexto, a crença em uma educação mais inteligente e mais humana ganha destaque. Defendo um sistema educacional que transcenda a mera transmissão de conhecimentos e promova o desenvolvimento integral do ser humano. Uma educação que valorize o cérebro, o coração e a coragem; com o cérebro representando o intelecto e a capacidade de pensar criticamente, característica essencial para a resolução de problemas e para a inovação; o coração simbolizando a empatia e a habilidade de se conectar emocionalmente, criando um ambiente de aprendizagem acolhedor e inclusivo; e a coragem, por sua vez, refletindo a determinação e a resiliência necessárias para enfrentar desafios e promover mudanças significativas no sistema educacional.

Para ilustrar essa visão holística da educação, gosto de recorrer à célebre história de *O mágico de Oz*, imortalizada por L. Frank Baum e lembrada por todos os que se encantaram com os desafios de Dorothy na busca por si mesma. No caminho para o Reino de Oz, Dorothy encontrou três anti-heróis: o Espantalho, o Homem de Lata e o Leão Covarde. Cada um deles buscava algo essencial que lhes faltava: o Espantalho desejava um cérebro; o Homem de Lata ansiava por um coração; e o Leão Covarde procurava coragem.

Esses três elementos simbolizam as três dimensões de uma educação completa: precisamos de educadores que integrem pensamento, sentimento e, principalmente, ação. Os alunos precisam de cérebros fortes, corações generosos e uma boa dose de coragem para transformar seus sonhos em realidade. Razão e emoção, guiadas por atitudes e valores corretos, são fundamentais para todos nós.

Somente assim poderemos desfazer os mitos de *O mágico de Oz* e conquistar a plena realização que buscamos aqui na Terra. Na tradição judaica, isso é representado pela vinda do Messias. Enquanto isso, cabe a nós, como educadores, preparar o mundo, fazendo o que chamamos em hebraico de *Tikkun Olam*, o conserto do mundo. E o caminho para isso é a educação.

Integrando o cérebro, o coração e a coragem nos métodos educacionais, preparamos os alunos para o sucesso acadêmico e para se tornarem indivíduos completos, capazes de fazer a diferença no mundo.

A verdadeira educação vai além do simples acúmulo de conhecimento; envolve a formação de cidadãos conscientes, empáticos e corajosos, prontos para enfrentar os desafios e construir um futuro melhor para todos.

É nesse contexto que surge a necessidade de discutirmos o papel da inteligência artificial na educação. Embora a IA ofereça ferramentas poderosas para personalizar o aprendizado e melhorar a eficiência, jamais poderá substituir a essência humana no processo educacional. Ela pode auxiliar na análise de dados e na automação de tarefas, mas não tem a capacidade de entender as emoções, aspirações e complexidades individuais dos alunos.

A interação humana é insubstituível. É a combinação de conhecimento, empatia e coragem que permite aos educadores inspirarem e motivarem seus alunos de maneira única. A IA pode ser uma aliada, mas é o professor, com seu cérebro, seu coração e sua coragem, que verdadeiramente transforma vidas e constrói uma educação mais inteligente e mais humana.

Uma educação inteligente é eficiente, sim, mas, acima de tudo, acolhedora e empática, refletindo ações concretas de desenvolvimento por meio de uma jornada protagonista e empreendedora. Mas esses são temas para outro momento.

Por ora, quero deixar registrada a minha admiração por todos os profissionais da educação. Sem eles, não temos como falar em uma sociedade mais desenvolvida, mais justa e mais humana. Sem eles, eu sequer estaria aqui, escrevendo este livro que, espero, transforme muitas vidas!

Este livro foi impresso em papel pólen bold 70 g/m² pela Edições Loyola em outubro de 2024.